KB265940

지금 당장
폐업할 것처럼 팔아라

지금 당장
폐업할 것처럼 팔아라

"이것은 장사 이야기가 아니다.
'나'를 가장 비싸게 파는 생존의 기록이다!"

모티브

◼ 차례 ◼

순이익 100원에도 목숨 걸던
옹졸한 장사꾼의 기록

처음 사업이라는 전장에 발을 들였던 22살의 나는, 지독하리만큼 '순이익'이라는 좁은 칸막이 안에 스스로를 가두고 있었다. 남들이 부러워하는 안정적인 직장을 그만두고 "행복이란 무엇인가?"라는 거창한 물음을 던지며 세상으로 뛰쳐나왔을 때만 해도 나의 포부는 하늘을 찔렀다. 하지만 현실의 나는 매달 통장에 찍히는 숫자에 일희일비하는 초보 장사꾼, 그중에서도 '받을 생각'에만 골몰하던 옹졸한 받기 전문가에 불과했다.

당시 마케팅 대행사를 운영하던 나의 머릿속은 오직 '비용 대비 효율'로 가득 차 있었다. 고객의 주머니에서 나올 수 있는 돈은 한정되어 있었고, 나는 내가 투입하는 시간이 곧 나의 손실이라 믿었다. "딱 돈 받은 만큼만 일해주고, 남는 시간에 다른 영업을 해서 이익을 극대화해야지." 그것이 사업의 정석이자 부자가 되는 지름길이라 확신했다. 최대한 일을 빨리 쳐내고 또 다른 고객을 찾아 영업 전선으로 뛰어드는 것, 그것이 진짜 능력이라 믿었다.

하지만 아이러니하게도 그토록 공을 들인 영업은 번번이 실패했다. 시장은 나를 '실력 있는 파트너'가 아닌 '언제든 대체 가능한 흔한 장사꾼'으로 분류했고, 나는 점점 더 치열하고 비참한 최저가 경쟁의 늪으로 침전되어 갔다. 쩨쩨하게 계산기를 두드릴수록 삶은 더 팍팍해졌고, 나는 그 이유를 도무지 알 수 없어 밤마다 마른세수를 하며 천장을 바라봤다. 내가 100원의 이득에 집착할수록 나라는 사람의 가치는 딱 그 100원짜리 동전만큼이나 작아지고 있었다.

시장의 파이를 키우는 플레이어가
결국 전부를 갖는다

현장에서 피를 흘리며 굴러본 뒤에야 깨달은 진리는 잔인할 정도로 명확했다. 진짜 큰 승부를 내는 플레이어들은 자신의 이익을 계산하기보다 '시장의 파이' 자체를 키우는 데 모든 에너지를 쏟아붓는다. 전환점은 예상치 못한 곳에서 찾아왔다. 페이스북에 자랑스럽게 올린 사업자등록증을 보고 한 지인이 연락을 해온 것이다. "아는 사장님이 마케팅이 절실한데, 네가 좀 도와주면 안 되겠나?"

지인의 소개라는 사실은 나에게 묘한 책임감을 부여했다. 처음으로 "이건 단순히 돈을 버는 일이 아니라, 나의 신뢰를 증명하는 일이다"라는 생각이 들었다. 나는 처음으로 내 안의 쩨쩨한 계산기를 내려놓았다. 돈의 가치를 '믿음의 가치'로 치환하기 시작했다. 이익률을 따지는 대신 그 매장의 매출을 올리는 데 미친 듯이 몰두했다. 결과는 놀라웠다. 해당 매장의 매출이 폭발적으로 상승했고, 사장님은 눈시울을 붉히며 나에게 진심 어린 감사 인사를 전했다.

진짜 기적은 그때부터였다. 만족한 사람들은 시키지 않아도 나를 추천했다. 내가 영업을 다니지 않아도 시장이 나를 호출하기 시작한 것이다. 내가 단돈 얼마를 더 가져오기 위해 타인의 몫을 뺏는 옹졸한 싸움을 멈추고, 타인의 가치를 키워 판 자체를 키웠을 때 모든 기회가 나에게 쏟아진다는 사실을 나는 그제야 온몸으로 깨달았다. 결국 이기적인 계산은 나를 가두는 창살이었고, 이타적인 방출은 나를 세상으로 탈출시키는 진짜 엑시트Exit였다. 이제 나는 안다. 내 주머니를 채우려 할 때는 가난해지고, 시장의 크기를 키우려 할 때 비로소 부富의 파도가 몰려온다는 것을.

부모님의 흐릿한 말끝을
꼿꼿한 목소리로 바꾸기까지

하지만 인생은 늘 오르막만 있는 것이 아니었다. 22~23살 무렵, 잘나가던 사업이 사정으로 인해 조기 폐업을 맞이하게 되었다. 그 후 한동안 나는 아무것도 하지 못하는 정지 상태의 삶을 살았다. 내 삶은 불안이라는 롤러코스터에 올라탄 듯 요동쳤다. 명절마다 부모님은 내게 늘 조심스럽게 물으셨다. "요즘 뭐 하노, 사업 준비는 잘 되나? 취업은 생각 안 해 봤나?" 걱정이 듬뿍 담긴 그 말 한마디는 내 존재를 부정하는 비수가 되어 가슴에 박혔다. 아니, 정확히는 죄송했고 슬펐다. 나의 선택이 틀리지 않았음을 증명하는 것, 부모님의 그 흐릿한 말끝을 꼿꼿한 목소리로 바꿔드리는 것만이 내 인생의 유일하고도 처절한 목표가 되었다.

이제 나는 지역에서 이름만 대면 알 만한 회사의 대표가 되었고, 네이버에 내 이름을 검색하면 기사와 기록이 쏟아진다. 명절날 부모님 가게를 찾는 손님들이 "아드님은 뭐 합니까?"라고 물을 때, 부모님은 예전처럼 말끝을 흐리는 대신 꼿꼿한 목소리로 내 소식을 전하신다. 하지만 성공의 외피가 화려해질수록, 내 안의 불안은 역설적으로 더욱 서늘하게 차올랐다. 나는 여전히 '잘 나가는 척'이라는 또 다른 연기를 하고 있었다. 부모님의 목소리는 꼿꼿해졌지만, 내 영혼의 척추는 타인의 시선이라는 무게에 눌려 여전히 휘어 있었다. 성공의 기준이 내가 아닌 '보여지는 결과물'에 머물러 있는 한, 나는 진정한 주권을 가진 플레이어가 될 수 없었다.

SNS라는 거대한 신분제 사회와
계급장의 함정

한때 나에게 SNS는 거대한 '신분제 사회'와 같았다. 화면 속 세상은 보이지 않는 계급장들이 난무하는 전쟁터였다. 대기업에 취업했다는 소식, 연봉이 얼마라는 인증글, 누구는 벌써 집을 사고 좋은 차로 바꿨다는 이야기들…. 그 네모난 창을 들여다볼 때마다 나는 시기 질투를 넘어선 서늘한 공포를 느꼈다. 연봉의 액수가 곧 계급이 되고, 직장의 이름이 곧 이름표가 되는 그 세계에서 나는 매일같이 '뒤처지고 있다'는 서늘한 알림을 받는 기분이었다. 가슴 한구석이 먹먹해지다 못해 타들어 갔다.

20대 후반, 늦게 시작한 만큼 나는 더 미친 듯이 달렸다. 평일과 주말의 경계 없이 스스로를 몰아붙인 것은, 그 견고한 계급의 사다리에서 떨어지지 않기 위한 발버둥이었다. 그렇게 나는 겉보기에 누군가 부러워할 만한 존재가 되어갔고, 무엇 하나 부족함 없는 삶을 사는 것처럼 연출되었다. 하지만 그것은 성장이 아니라, 추락하지 않기 위해 런닝머신 위를 전력 질주하는 절박한 생존 게임이었다. 나는 나를 위해 달리는 것이 아니라, 남들에게 뒤처지지 않음을 증명하기 위해 에너지를 탕진하고 있었다. 껍데기를 키울수록 알맹이는 쪼그라들었고, 나는 타인의 박수 소리에 맞춰 춤추는 광대가 되어가고 있었다.

문제는 '능력'이 아니라 '기준'이었다

정점에 다가갈수록 나는 더 자주 흔들렸다. 이 흔들림은 실패 때문이 아니었다. 아무것도 하지 않아서 생기는 불안도 아니었다. 오히려 너무 많이 움직이고 있었기에, 너무 빠르게 확장하고 있었기에 생기는 역설적인 불안이었다. 어느 임계점에 도달했을 때 비로소 깨달았다. 문제는 '능력'이 아니라 '기준'이었다는 것을.

나는 방향을 찾고 있었지만 정작 '나만의 기준'은 세우지 않았다. 언론과 유튜브, SNS라는 '네모 속 세상'에서 "지금은 이래야 합니다! 더 다르게, 더 성장해야 합니다!"라고 울부짖는 소리에 내 운전대를 맡겨버렸다. 방향은 타인의 시선과 시장의 트렌드에 따라 언제든 휘청거리지만, 기준은 무엇을 택하고 무엇을 거절할지 결정하는 내면의 중력이다. 나는 그 단단한 중력 없이, 그저 잘나 보이기 위한 속도만 올리고 있었다. 깊이 이해하기보다 넓게 아는 척하는 데 집착했고, 생각의 뿌리를 내리기보다 남들이 좋아할 법한 말을 먼저 내뱉었다. 나는 깊은 사람이 되기보다 깊어 '보이는' 사람이 되는 법을 먼저 익히고 있었다.

불안은 능력의 결핍이 아니라 기준의 부재를 알리는 신호다

우리는 왜 이토록 바쁜데도 불안한가. 그것은 당신이 무능해서가 아니다. 어쩌면 너무 성실했기에 불안한 것일지도 모른다. 성실함으로 불안을 덮고, 계획으로 의심을 덮고, 성과로 공허를 가려왔기 때문이다. 하지만 덮어버린 감정은 결코 사라지지 않는다. 잠시 보이지 않을 뿐이다. 불안은 당신의 능력이 부족하다는 경고가 아니라, 당신의 삶에 '당신의 기준'이 없음을 알리는 긴급 신호다.

나는 무엇을 위해 이 속도를 감당하고 있는가. 이 선택은 정말 나의 기준에서 나온 것인가. 나는 무엇을 두려워해서 멈추지 못하는가. 이 질문을 피하는 한 우리는 계속 바쁘겠지만, 결코 단단해지지는 못한다. 단단함은 외부의 속도가 아니라 내부의 합의에서 만들어진다. '이 정도면 괜찮다'라고 스스로에게 말할 수 있는 기준 말이다.

이 책은 성공을 증명하려는 기록이 아니다. 내가 무엇을 기준으로 살 것인지 다시 묻기 시작한 치열한 고백이다. 나는 이제 잘 보이기보다 단단해지기로 했다. 당장 내일 폐업할 것 같은 절박함으로, 오늘 내 앞의 손님에게 모든 것을 걸기로 했다. 이 기록은 정답을 주지 않는다. 대신 도망치지 않는 법을 보여줄 것이다. 괜찮은 척을 멈추고, 자신에게 불편한 질문을 던지기로 선택한 사람의 정직한 뒷모습을 보여줄 것이다.

나는 이제 묻기 시작했다. 당신은 언제 묻기 시작할 것인가.

엑시트

Exit

가짜 나로부터의

탈출

오늘 하루 살아남지 못하면,
장기전이라는 미래도 없다

90점을 '반드시' 넘어야 하는 아이와
'막연히' 넘고 싶은 아이

목표를 가진 두 아이가 있다. A는 이번 시험에서 90점을 '반드시' 넘어야만 하는 아이다. 만약 이 점수를 얻지 못하면 자신이 설계해온 미래의 모든 시퀀스가 무너질 것이라는 처절한 절박함이 그를 지탱한다. 반면 B는 90점을 넘었으면 '좋겠다'고 막연히 희망하는 아이다. 넘으면 기쁘겠지만, 설령 넘지 못하더라도 "문제가 어려웠다"거나 "컨디션이 좋지 않았다"는 식의 변명거리를 이미 무의식 속에 준비해둔 상태다. 결과는 보지 않아도 선명하다. A는 벼랑 끝에 선 심정으로 정답 하나하나를 쥐어짜며 결국 90점을 넘기지만, B는 결정적인 순간에 집중력을 잃고 그 문턱을 넘지 못한다. 이 한 끗 차이를 만드는 것은 타고난 지능이나 주변의 지원 체계가 아니다. 바로 '오늘 하루의 반드시'가 내 영혼에 새겨진 문장으로 박혀 있느냐 아니냐의 차이다. 성공은 단순히 원하는 자의 전유물이 아니라, 그것이 아니면 안 되는 자들이 목숨을 걸고 쟁취하는 전리품이다.

스스로에게 비겁하게 양보하는 일은 위로가 아니라 독이다

우리는 흔히 인생을 '장기전'이라 부르며 멀리 보라고 말한다. 그러면서 오늘 하루의 성과가 미미하거나 나태하게 시간을 보냈을 때, "나중에 복리로 돌아올 경험이 될 거야" 혹은 "길게 보면 다 자산이 되는 과정이지"라며 스스로를 달콤하게 기만한다. 물론 인생은 롤러코스터와 같고 실패조차 데이터가 되는 것은 사실이다. 하지만 돋보기를 들이대고 냉정하게 자문해야 한다. "숨이 턱 끝까지 차오르고 심장이 터질 것 같은 그 절체절명의 순간에, 나는 정말 한 걸음만 더, 딱 1센티미터만 더 전진하며 내 안의 마지막 에너지를 모두 연소

했는가?" 만약 오늘의 부족한 결과가 나의 한계치까지 밀어붙인 뒤에 얻은 성적표가 아니라면, 그것은 결코 자산이 되지 않는다. 그것은 '나 자신에게 비겁하게 양보하는 치명적인 중독'의 시작일 뿐이다. "오늘 이 정도면 됐지, 내일의 내가 해결하겠지"라며 타협하는 습관이 복리로 반복되면, 우리는 결국 패배주의에 젖어 실패하는 법을 몸으로 익힌 사람이 되고 만다. 나를 진심으로 사랑한다면, 흐르는 시간 속에서 나 자신에게 적당히 양보하는 일을 가장 증오해야 한다. 나를 향한 무분별한 관대함은 성장을 멈추게 하는 치명적인 독이다.

과거의 나와 현재의 나, 그리고 미래의 나는 연결되어 있다

현재의 내 모습은 과거의 내가 보낸 무수한 '오늘'들의 결산이다. 마찬가지로 현재 내가 감당하는 고통과 인내는 미래의 나에게 편안함과 기회라는 선물을 보낼 유일한 신용장이다. 이 연결된 시간의 흐름 속에서 '장기전'이란 결국 매일의 처절한 '단기전'에서 반드시 승리한 자들이 누리는 보너스 같은 연속성이다. 장기전은 게으른 자들이 숨어드는 도피처가 아니라, 오늘 하루를 피투성이가 되어 버텨내고 살아남은 자만이 누릴 수 있는 고귀한 권리다. 오늘 식재료 값을 벌지 못해 폐업 위기에 처한 사장에게 10년 뒤의 프랜차이즈 꿈은 허상일 뿐이다. 오늘 하루 살아남지 못한 자에게 내일의 신 장개업은 결코 허락되지 않는다.

자존심을 꺾어서라도 지켜야 할 사명이 있는가

진짜 플레이어는 자신이 짊어진 책임감의 무게를 직시하는 사람이다. 내가 지켜야 할 가족, 나를 믿어준 동료, 그리고 내가 세상에 내놓은 사명이 있는 사람은 숨이 막히는 오해와 억울함 속에서도 결코 걸음을 멈추지 않는다. 내가 컨트롤하지 못해 기회를 놓쳤을 때, 나를 믿는 사람들에게 돌아갈 실질적인 피해를 생각하면 자존심 따위는 사치에 불과함을 깨닫는다. 이때 우리에게 필요한 것은 타인에게 과시하기 위한 '자존심'이 아니라, 내면을 단단히 지탱하는 '자존감'이다. 상황에 따라 쉽게 휘둘리고 상처받는 껍데기가 자존심이라면, 자존감은 외부의 차가운 평가와 상관없이 스스로를 가치 있고 능력 있는 존재로 신뢰하는 안정적인 뿌리다. 누군가를 지키기 위해, 그리고 나의 사명을 위해 기꺼이 무릎을 꿇거나 고개를 숙일 수 있는 것이 자존심이라면, 그 굴욕조차 사

명을 위한 과정으로 승화시키며 목적지를 향해 나아가는 굳
건한 에너지가 바로 자존감이다.

미래라는 거창한 안개 뒤로 숨어 오늘의 비겁함을 정당화하지 마라.
당신이 꿈꾸는 '장기적인 성공'은 오늘 당신이 숨이 턱 끝까지 차오르
는 순간에도 기어이 쥐어짜낸 그 '한 걸음'들의 합산이다. 나 자신에
게 관대한 위로를 건네기 전에, 당신의 사명이 오늘 하루를 견디게 할
만큼 간절한지 먼저 물어라. 오늘 당신이 당신 자신과 맺은 사소한 약
속을 어기는 것은, 미래의 당신이 누려야 할 평온을 미리 훔쳐 쓰는
무책임한 행위와 같다. 오늘의 '반드시'가 모여야만, 비로소 당신의
내일이 시작된다.

- **동사의 재정의**: 오늘 수행해야 할 업무 중 가장 핵심적인 일 한 가지
를 선정하고, 그 뒤에 붙은 '하고 싶다Want' 혹은 '하면 좋겠다'는 수
식어를 완전히 삭제한다. 대신 '반드시 끝내야 한다Must'로 대체한
다. 만약 '반드시'라는 단어를 붙였을 때 가슴이 뛰지 않거나 당위성
이 느껴지지 않는 일이라면, 그것은 당신의 본질적인 사명과 무관한
일이니 즉시 리스트에서 지워버려라.
- **'임계점 5분' 법칙**: 오늘 업무나 공부, 혹은 운동 중 가장 포기하고
싶어지는 '숨이 턱 막히는 순간'을 의식적으로 포착한다. 뇌가 "이
정도면 충분해"라고 속삭이는 그 지점이 오면, 시계를 확인하고 정

확히 딱 5분만 더 몰입한다. 그 5분은 단순한 성과를 위한 시간이 아
니다. 당신이 스스로의 나약함에 양보하지 않았음을 우주에 증명하
는 '자존감의 제사'와 같다.

- **사명의 시각화**: 오늘 잠들기 전, 내가 오늘 하루를 쥐어짜며 기어이
지켜내고 싶었던 '사람'이나 '가치'의 이름을 메모장에 적는다. 그리
고 그 본질적인 사명을 위해 오늘 내가 기꺼이 꺾어버린 쩨쩨한 '자
존심'이 있다면 그것을 기록하고 스스로를 대견하게 여겨라. 타인의
시선이 아닌, 나만의 기준을 지켜낸 기록이 당신의 내면 근육을 기
르는 진짜 훈련이다.

폐업 전날, 계산기를 두드리는 사장은 없다

나눔은 여유의 산물이 아니라 치열한 선택의 결과다

나는 지역에서 나름 '기버Giver'로 통한다. 이 수식어를 얻기까지 나 역시 수많은 내면의 전쟁을 치러야 했다. 인간이라면 누구나 가진 본능적인 욕심, 즉 남보다 더 많이 가져야 한다는 강박과 타인의 성공을 보며 느끼는 묘한 시샘은 나에게도 예외는 아니었다. "내가 충분히 가져야 남에게 줄 수 있다"는 세상의 감언이설에 흔들린 적도 많았다. 하지만 실제 통계와 그래프가 증명하는 진실은 정반대다. 고소득층일수록 기부와 봉사에 할애하는 물리적 시간은 오히려 줄어들고, 소득이 상대적으로 적은 이들이 자신의 것을 쪼개어 더 많이 나눈다. 이는 나눔이 지갑의 두께에서 나오는 여유가 아니라, 어떤 상황에서도 내 신념을 지키겠다는 치열한 '선택'의 문제임을 시사한다. 손해만 보고 살라는 바보 같은 소리를 하려는 게 아니다. 핵심은 고작 단돈 몇 푼의 이익에 매몰되어, 당신의 인생을 지탱하는 가장 고귀한 신념과 가치를 헐값에 팔아치우는 비극을 막아야 한다는 것이다.

500만 원짜리 무대에서 5,000만 원의 광기를 보여준 이유

사업 초창기, 나는 명백히 수지타산이 맞지 않는 일을 맡았다. 총예산 500만 원 규모의 소박한 프로젝트였으나, 나는 그 안에 5,000만 원 이상의 가치를 담은 팝업스토어를 구현하기로 결심했다. 40여 명의 크리에이터를 입점시키기 위해 나는 직접 폐타이어를 수거하러 다녔고, 플라스틱 우유 상자를 빌리기 위해 온 동네 상점을 이 잡듯 뒤졌다. 인건비를 아끼기 위해 밤새 직접 페인트칠을 하고, 길가에 버려진 나무 판자를 가져와 정으로 깎고 다듬어 간판을 만들었다. 숫자로만 보면 처참한 적자이자 명백한 실패였다. 하지만 나는 왜 그렇게까지 스스로를 몰아붙였을까? 당시 나에게 필요했던 것은 눈앞의 현금이 아니라, 대체 불가능한 '신뢰'라는 자본이었기 때문이다. "이 사람은 진심이구나", "이 일에 미친 사람이구나"라는 인식을 시장에 심어주는 것, 그것이 내가 얻어야 할 진짜 매출이었다. 효율이라는 핑계 뒤에 숨어 계산기를 두드렸다면 결코 얻지 못했을 그 '광기 어린 진심'이 결국 지역 사회에 나를 각인시키는 가장 강력한 명함이 되었다.

비효율이라는
가장 인간적인 투쟁

2020년 추석, 나는 다시 한번 비효율의 극치를 선택했다. 며칠 밤을 꼬박 새워 40~50여 명의 파트너 크리에이터들을 위한 레몬청을 직접 만들었다. 라면과 삼각김밥으로 끼니를 때우며 끈적거리는 설탕물과 사투를 벌였다. 배달 대행이나 택배를 쓰면 한 시간이면 끝날 일이었지만, 나는 굳이 무거운 유리병들을 들고 공방 하나하나를 직접 방문했다. 손은 부르트고 몸은 녹초가 되었지만, 그 투박한 병을 건네받은 사람들의 눈빛에서 나는 보았다. 차가운 디지털 메시지가 결코 닿을 수 없는 진심의 온도를 말이다. 세상은 효율을 말하지만, 때로는 압도적인 비효율이 사람의 마음을 움직인다. 나 역시 매 순간 내 안의 쩨쩨한 자아와 싸운다. "적당히 철판 깔고 실속만 챙길까?" 하는 유혹이 목구멍까지 차오르기도 한다. 그럼에도 내가 지금까지 쓰러지지 않고 걸어온 유일한 이유는 현재의 이득을 계산기에 넣고 두드리는 비겁함을 거부했기 때문이다. 진심은 100명 중 단 한 명에게만 닿아도 기적을 만든다.

'굳이'의 마법이 당신의 운명을 바꾼다

사회생활을 하다 보면 선을 긋는 데만 천재적인 감각을 발휘하는 사람들을 만난다. 밥 한 번 사는 것을 아까워하고, '내 일'과 '네 일'을 철저히 구분하며 남을 돕는 것을 손해라고 믿는 이들이 생각보다 많다. 최근에는 단돈 10만 원의 손해에 매몰되어 제안사와 감정적인 날을 세우다, 수천만 원짜리 잠재적 기회를 통째로 날려버린 대표의 소식도 들었다. 협업의 본질을 잃어버린 그 옹졸함이 결국 스스로의 앞길을 막은 셈이다. 손해를 피하고 싶은 마음은 인간의 본능이지만, 운명을 바꾸는 사람들은 늘 '굳이'를 선택한다. 굳이 하지 않아도 될 청소를 하고, 굳이 시키지 않은 남의 일을 먼저 도와주며,

굳이 대가 없는 호의를 베푼다. 딱 월급만큼만, 딱 고객이 지불한 금액만큼만 움직이는 사람들의 성장은 정확히 그 지점에서 멈춘다. 당신에게 돌아올 거대한 유무형의 자산을 고작 현재의 푼돈과 맞바꾸는 것은 인생에서 가장 멍청한 투자다.

당장 내일 가게 문을 닫아야 하는 절박한 사장은 오늘 온 마지막 손님에게 원가를 따지며 인색하게 굴지 않는다. 오히려 자신의 모든 것을 털어 최후의 만찬을 대접한다. 인생의 진짜 반전은 당신의 계산기가 멈춘 그 지점에서 비로소 시작된다. 알량한 손익계산서의 숫자 뒤로 숨어 당신의 위대한 가능성을 100원짜리 동전과 맞바꾸는 비극을 멈춰라. 시장은 당신이 얼마나 영리하게 남겼는지가 아니라, 당신이 얼마나 치열하게 자신을 던졌는지를 기억한다. 계산기로는 측정할 수 없는 그 비효율적인 진심이야말로, 그 어떤 AI도 흉내 낼 수 없는 당신만의 독보적인 아우라가 된다. 당신이 계산기를 부수는 순간, 세상이 당신을 위해 움직이기 시작할 것이다.

오늘 하루, 당신의 인생을 가로막고 있는 '쩨쩨한 계산기'를 부수기 위해 다음의 세 가지를 즉시 실천한다.

• **압도적 덤'의 법칙 실천**: 오늘 수행하는 업무 중 하나를 골라, 상대

방_{상사, 고객, 동료}이 기대하는 수준보다 최소 1.5배 이상의 결과물을 내놓는다. "굳이 이렇게까지?"라는 소리가 나올 만큼 디테일을 더하거나, 부탁받지 않은 부분까지 배려한 추가 자료를 제공하라. 그때 당신의 뇌가 내뱉는 "이건 손해야"라는 경고음을 무시하고, 그 너머에서 오는 쾌감을 만끽하라.

- **사소한 '굳이' 행동 하나 실행**: 사무실 탕비실을 정리하거나, 복사기의 종이를 채워 넣거나, 동료의 어려운 업무를 아무 조건 없이 도와주는 등 '내 일'이 아닌 일을 찾아 굳이 실행한다. 타인의 시선을 신경 쓰기보다, 내가 이 공간과 공동체의 주인이라는 감각을 회복하는 훈련이다. 이 사소한 '굳이'가 쌓여 당신의 평판이라는 거대한 자산을 만든다.

- **진심을 담은 물리적 접촉**: 메신저의 이모티콘이나 형식적인 이메일 대신, 직접 쓴 손편지나 따뜻한 커피 한 잔을 들고 고마운 이에게 찾아간다. 디지털의 효율성이 생략해버린 그 '불편하고 긴 시간'을 기꺼이 감수하라. 당신이 직접 병을 닦고 레몬을 썰던 그 마음으로 사람을 대할 때, 상대의 마음속에 당신이라는 이름이 지워지지 않는 문신처럼 새겨질 것이다.

결국 시장은
더 많이 준 사람을 기억한다

위기의 순간, 나를 대신해 싸워준
이름 모를 방패들

살다 보면 내가 통제할 수 없는 악의적인 소문이나 오해에 휘말릴 때가 있다. 내가 하지 않은 일이 사실인 양 떠돌고, 공들여 쌓아온 신뢰가 한순간에 무너질 것 같은 공포가 덮쳐온다. 나의 회사 역시 어느 시기, 근거 없는 헛소문에 시달리며 존폐의 기로에 섰던 적이 있다. 차가운 시장의 시선 앞에서 해명하고 싶었지만, 목소리를 높일수록 구차한 변명처럼 들릴까 봐 밤잠을 설쳤던 기억이 생생하다.

그런데 그때, 예상치 못한 곳에서 반전이 시작되었다. 내가 직접 나서기도 전에, 나와 인연을 맺었던 수많은 크리에이터가 곳곳에서 나를 대변하기 시작한 것이다. 그들은 누가 시키지도 않았는데 자발적으로 키보드를 잡았다. "거기 그런 곳 아니에요.", "제가 직접 겪어본 바로는 절대 그럴 리가 없습니다.", "오히려 그쪽 대표님이 조심하라고 먼저 연락 주셨어요."

사방에서 쏟아지는 증언들 앞에 악의적인 여론은 힘을 잃었다. 내가 평소 아끼지 않고 주었던 작은 마음들이, 내가 가장 무방비하게 노출되었던 위기의 순간에 거대한 '신뢰의 성벽'이 되어 나를 감싸 안은 것이다. 내가 나를 변호하는 백 마디 말보다, 타인이 나를 위해 던져준 한 마디가 훨씬 강력한 방패가 된다는 사실을 나는 몸소 체험했다.

잊혀진 선행이 만든
무한한 성장의 원동력

매년 명절이면 잊지 않고 감사 인사를 보내오는 수많은 크리에이터를 보며 나는 깊은 사유에 잠긴다. 사실 나는 내가 무엇을 얼마나 주었는지 일일이 기록해두지 않는다. 내가 건넸던 레몬청 한 병, 밤새 깎아 만든 나무 간판 하나가 누군가에게는 인생의 방향을 바꾸는 결정적인 순간이었을지도 모른다는 사실을 뒤늦게 깨닫는다.

인간의 뇌는 계산기의 기능도 하지만, 무엇보다 '감정의 기록 장치'다. 시장은, 그리고 그 시장을 구성하는 사람들의 마음은 모든 호의를 세포 하나하나에 기록하고 기억한다. 다수의 지지와 응원 끝에 오해의 안개는 걷혔고, 나는 비로소 깨달았다. 통장 잔고의 숫자보다 수만 배 강력한 자산은 나를 믿어주는 '사람들의 리스트'라는 것을 말이다. 이 보이지 않는 무형의 자산은 내가 어떤 거친 파도를 만나든 무너지지 않게 지탱해주는 무한한 성장의 원동력이자, 세상 무엇과도 바꿀 수 없는 나의 진짜 실력이 되었다.

시장이 호출하는 사람은 결국 '긍정적인 인상을 주는 사람'이다

실력과 기술이 평등해진 시대, 더 이상 기능적인 차별화만으로는 시장에서 살아남을 수 없다. 이제 시장이 마지막에 선택하는 기준은 의외로 단순하고 본능적이다. 바로 '기분 좋은 사람', 무언가를 자꾸만 더 주려고 노력하는 사람이다. 실력은 비슷해도 유독 사람들의 기억에 오래 남고 계속해서 호출되는 사람들은 공통적인 '주는 방식'을 가지고 있다.

그들은 거래의 문턱에서 "내가 무엇을 취할까"를 계산하기보다 "상대에게 무엇을 더 얹어줄 수 있을까"를 먼저 고민한다. 이러한 태도는 상대방의 무의식에 압도적인 긍정적 인상을 남긴다. 인간은 논리적인 이익 수치보다 감정적인 끌림에 수만 배 더 강력하게 반응하기 때문이다. 시장은 똑똑하게 제 실속만 챙기는 사기꾼보다, 투박하더라도 더 많이 퍼주는 '바보 같은 기버'를 결국에는 신뢰한다. 그리고 그 신뢰가 임계점을 넘는 순간, 누구도 범접할 수 없는 전설적인 브랜드가 탄생한다.

당신의 호의가 누군가의 인생에 박힌 '쐐기'가 될 때

내가 추석에 돌린 레몬청 한 병, 팝업스토어에서 밤새 깎아 만든 나무 간판 하나는 단순한 물건이 아니다. 그것은 누군가에게 '이 사람은 진짜다'라는 확신을 주는 결정적인 증거, 즉 인생의 '쐐기'가 된다. 긍정적인 인상은 결코 한 번의 이벤트로 만들어지지 않는다. 그것은 계산되지 않은 순수한 호의가 반복적으로 쌓여, 상대의 심리적 저항선을 무너뜨릴 때 비로소 완성된다.

당신이 오늘 누군가에게 건넨 대가 없는 '덤'은 사라지는 매몰 비용이 아니다. 그것은 우주라는 거대한 은행에 적립되어 있다가, 언젠가 당신이 절벽 끝에 서서 생명줄을 찾을 때 상상치 못한 경로를 통해 당신의 품으로 돌아온다. 내가 여전히 기버로서의 정체성을 잃지 않으려 노력하는 이유는, 나를 믿어주는 사람들의 결집된 힘이 그 어떤 마케팅 자본이나 기술력보다도 강력하다는 것을 뼈아프게 체험했기 때문이다. 당장의 매출액을 계산기에 넣고 두드리지 마라. 당신의 인상이 시장이라는 거대한 캔버스에 어떤 색깔로 박힐지를 먼저 고민하라. 그것이 당신의 미래를 결정짓는 유일한 데이터다.

시장은 차가운 숫자로 움직이는 거대한 기계처럼 보이지만, 그 기계를 작동시키는 윤활유는 결국 인간의 뜨거운 기억이다. 당신이 오늘 베푼 대가 없는 호의는 우주 어딘가에 정밀하게 적립되어 있다가, 당신이 가장 절박한 순간에 가장 필요한 형태로 당신에게 돌아온다. 스스로를 변호하려 애쓰지 마라. 평소 당신이 실천한 '주는 삶'의 궤적이 당신의 명예를 지키는 가장 유능한 변호인이 될 것이다. 더 많이 주는 사람은 결코 망하지 않는다. 그가 넘어지려 할 때, 그에게 빚진 수많은 사람이 기어이 그를 다시 일으켜 세울 것이기 때문이다. 당신의 그릇을 키우는 것은 무엇을 더 담느냐가 아니라, 얼마나 기꺼이 비워내며 타인에게 줄 수 있느냐에 달려 있다.

오늘 하루, 당신의 이름을 시장의 기억 속에 문신처럼 각인시키기 위해 다음의 세 가지 '기버 프로세스'를 즉시 실행한다.

- **'나를 대변할 방패' 구축하기** : 지난 한 달간 나에게 도움을 주었거나 나와 비즈니스를 했던 사람 중 가장 기억에 남는 3명을 선정한다. 그리고 그들에게 대가 없는 감사 인사와 함께, 그들이 전혀 예상치 못한 작은 '덤'_{유용한 노하우 공유, 정성이 담긴 메모, 따뜻한 기프티콘 등}을 즉시 보낸다. 거래가 완결된 뒤에 찾아오는 호의야말로 상대의 뇌리에 가장 깊은 인상을 남기며, 훗날 당신의 강력한 방패가 된다.

- **'긍정적 인상' 자가 점검 루틴** : 오늘 만나는 모든 사람에게 "내가 이 사람에게 무엇을 줄 수 있을까?"라는 질문을 대화 시작 전에 마음속으로 3번 되뇐다. 그것이 실질적인 정보든, 진심 어린 칭찬이든, 온전한 경청이든 반드시 무언가 하나를 더 주고 대화를 마무리한다. 상대방이 당신과 헤어지고 돌아설 때, 당신의 뒷모습에서 '따뜻한 기버'의 잔상을 느끼게 만드는 훈련을 반복하라.

- **위기 관리형 평판 입금 프로젝트** : SNS나 커뮤니티, 혹은 사내 게시판에 당신만이 알고 있는 유용한 정보나 뼈아픈 시행착오의 기록을 아낌없이 공유한다. "이런 노하우까지 알려줘도 되나?" 싶은 생각이 드는 정보일수록 그 효과는 수천 배 강력하다. 이 디지털 기록들이 쌓여 훗날 당신에게 닥칠지도 모를 예상치 못한 부정적인 소문을 막아주는 거대한 '디지털 신뢰 방패'가 될 것이다.

내일을 기다리지 말고,
오늘의 손님에게 인생을 걸어라

환영 문구 하나에 담긴
절박한 진심

과거 우리 사무실 입구에는 TV가 한 대 있었다. 나는 이곳을 찾는 단 한 명의 사람을 위해 매번 그 화면의 문구를 정성껏 바꾼다. "○○○님, 방문을 진심으로 환영합니다." 누군가는 그게 뭐 그리 대수냐고, 혹은 업무 효율을 떨어뜨리는 지나친 과잉 친절 아니냐고 비웃을지도 모른다. 하지만 나는 그 짧은 문장 하나에 매번 나의 인생을 건다. 기회라는 것은 거창한 연설이나 화려한 수치로 무장한 기획서에서 오는 것이 아니다. "오직 나만을 위해 준비된 환영의 환대"를 발견한 상대방의 떨리는 눈동자와 그 찰나의 감동에서 모든 비즈니스와 관계의 기적이 시작되기 때문이다. 나는 간절했다. 내일이 보장되지 않은 폐업 직전의 사장처럼, 오늘 내 문을 열고 들어온 단 한 사람에게라도 세상에서 가장 극진한 대접을 받고 있다는 '존중의 감각'을 선물하고 싶었다. 그것은 단순히 잘 보여서 실리를 챙기겠다는 욕망을 넘어, 나라는 사람의 존재 가치를 시장에 증명하는 처절한 방식이었다.

정답은 쏟아지는 것이 아니라 가봐야 알 수 있는 문제다

진심을 다하는 과정이 늘 꽃길은 아니다. 때로는 모욕적인 순간이 발목을 잡는다. 나의 호의를 우습게 여기는 무례함을 마주하기도 하고, 나의 진의가 왜곡되어 억울한 오해를 사기도 한다. 하지만 나는 그 모든 수모와 감정적 소모를 기꺼이 감내한다. 내가 비굴해서가 아니다. 그 누구보다 나답게 살아가기 위한 과정 속에 있음을 스스로 굳게 믿기 때문이다. 사람들은 정답이 하늘에서 벼락처럼 쏟아지거나 완벽한 지도의 형태로 주어지길 기대하지만, 인생의 정답은 언제나 짙은 안개 속에 가려져 있다. 지금 내가 걷는 이 길이 정답인지는 끝까지 가봐야만 알 수 있는 문제다. 다만 확실한 것은, 오늘 당장 내 손님이 될 것 같지 않은 사람에게조차 내가 가진 모든 인사이트와 노하우를 아낌없이 퍼부었을 때 예기치 못한 반전이 일어난다는 사실이다. 경계의 선을 긋고 팔짱을 긴 채 앉아 있던 상대방이 나의 압도적인 호의 앞에 무너져 내리고, 비로소 테이블 너머로 자신의 진짜 아픔과 고민을 꺼내 놓는 순간, 거기서부터 진짜 인생의 승부가 시작된다.

세상은 이미 공평하고 정보는 투명하게 흐른다

우리는 마치 내가 가진 지식과 노하우가 나만의 독보적인 무기인 양 꽁꽁 싸매고 방어하며 산다. 하지만 인정해야 한다. 이미 세상은 공평하며 정보는 빛의 속도로 흐른다. 내가 보물처럼 숨기고 있는 지식은 이미 누군가 유튜브에 올렸거나 커뮤니티에서 회자되는 정보일 확률이 99%다. 이제 시대의 차별화는 정보의 '소유'가 아니라, 그 정보를 전달하는 진정성 있는 '방식'과 '태도'에서 결정된다. 상대방에게 주는 만큼 상대의 마음은 열리게 되어 있다. 내가 가진 모든 패를 테이블 위에 먼저 투명하게 올려놓을 때, 비로소 불신의 경계선은 사라지고 서로의 영혼이 부딪히며 편안하게 본질을 이야기할 수 있는 장이 마련된다. 노하우를 아끼는 자는 고립된 섬이 되지만, 노하우를 아낌없이 쏟아붓는 자는 거대한 대륙과 같은 사람을 얻는다. 사람을 얻는 것이 곧 기회를 얻는 유일한 길이며, 그것이 차가운 자본의 논리를 이기는 가장 인간적인 승리법이다.

시간이 빨리 가는 이유는 당신의 삶이 반복되기 때문이다.

내일은 있다. 일상적이고 평범한 삶을 사는 이들에게 내일은 어제와 똑같이 무한히 반복되는 소모품일 뿐이다. 하지만 묻고 싶다. 당신은 정말 당신 인생의 진정한 주권자가 되고 싶은가? 그렇다면 당신의 절박함은 지금 어디를 향하고 있는가? 우리는 나이가 들수록 시간이 화살처럼 빨리 간다고 한탄한다. 뇌과학적으로 그 이유는 명확하다. 어릴 때는 모든 경험이 생소하고 처음이기에 뇌에 저장해야 할 새로운 데이터가 넘쳐나 시간이 아주 느리고 밀도 있게 흐른다. 하지만 어른이 되면 익숙해진 일상의 패턴을 뇌가 스스로 '스킵Skip'하기 시작한다. 어제와 같은 오늘을 살기에 뇌는 기록할 가치를 느끼지 못하고, 그 비어버린 시간의 틈새만큼 인생은 빠르게 삭제된다. 내일이 있다고 믿으며 오늘을 어제의 복사본처럼 보내는 순간, 당신의 인생은 가속도를 내며 허무의 낭떠러지로 치닫는다.

나다운 길을 걷는다는 것의
진짜 의미

나는 고등학생 때부터 '행복'이라는 추상적인 단어의 본질에 대해 치열하게 고민했다. 돈도, 명예도, 단순히 내가 하고 싶은 일만 골라서 하는 것도 정답이 아니었다. 하고 싶은 일을 단 한 번 하기 위해 우리는 얼마나 많은 '하기 싫은 비참한 일'을 묵묵히 견뎌야 했던가. 내가 수많은 시행착오 끝에 내린 결론은 단순하다. 더 나다운 삶을 걸어가는 것, 그 자체에 지고지순한 의미를 두는 것이다. 타인과 비교하며 얻는 찰나의 우월감이 아니라, 철저하게 나만의 길을 묵직하게 걷는 것이다. 누군가에게 기꺼이 베풀고, 너의 일과 나의 일 사이에 쩨쩨한 선을 긋지 않는 행위는 삶의 여유가 넘쳐서 하는 것이 아니다. 그것이 진정한 나다운 길임을 깨달은 주권자들만이 할 수 있는 가장 고귀한 정신적 저항이다. 나답게 가치 있는 일을 집요하게 추구하다 보면 돈과 명예는 알아서 뒤따라온다. 나는 그 자연스러운 선순환의 원리를 믿으며, 오늘도 이름 모를 손님을 위해 TV의 문구를 바꾼다.

아직도 당신에게 당연한 내일이 있다고 믿는가? 인생의 주권을 되찾은 자의 삶에 '다음에 잘하면 되지'라는 안일한 내일이란 존재하지 않는다. 오직 오늘이라는 단 한 번의 기회를 인생의 마지막 폐업 세일처럼 처절하게 불태우는 자만이 '나다운 삶'이라는 유일무이한 전리품을 얻을 수 있다. 시간은 당신의 나태함을 기다려주지 않으며, 당신의 뇌는 반복되는 무채색의 일상을 기록조차 하지 않은 채 영원히 지워버릴 것이다. 당신이 오늘 마주 앉은 단 한 명의 손님에게 인생을 걸지 않는다면, 당신은 평생 타인의 각본 속에서 이름 없는 단역으로 살다 허무하게 사라질 뿐이다. 절박해져라. 행복은 먼 미래에 오는 보상이 아니라, 오늘 당신이 '나답게' 쏟아부은 뜨거운 에너지의 잔상 속에 머문다.

오늘 하루, 당신이 인생의 주권을 완벽하게 회복하고 '뇌가 기억하는 시간'을 만들기 위해 다음의 세 가지를 즉시 실행한다.

- '환영의 디테일' 실천: 오늘 당신을 찾아오는 고객, 동료, 혹은 가족을 위해 당신만의 'TV 환영 문구'를 준비한다. 그것은 거창한 이벤트가 아니어도 좋다. 따뜻한 커피 한 잔 위에 붙인 정성 어린 포스트잇일 수도 있고, 대화 시작 전 상대의 최근 근황을 진심으로 묻는 배려 깊은 한마디일 수도 있다. 상대방이 "오늘 이 공간은 나를 위해 준비된 무대구나"라는 존중의 감각을 뼈저리게 느끼게 하라.

- '인사이트 덤핑Dumping' 선언: 오늘 대화하는 상대가 당신의 실질적인 이익에 도움이 되지 않는 '진짜 손님'이 아닌 것 같더라도, 당신이 가진 가장 핵심적인 노하우나 인사이트 하나를 조건 없이 제공한다. 정보를 아껴서 얻는 작은 이익보다, 진심 어린 마음을 열어서 얻는 '압도적 서사'가 장기적으로 훨씬 큰 자산이 된다는 것을 몸소 체험하라. 테이블 위의 경계선을 먼저 과감히 허무는 자가 결국 판 전체를 주도하게 된다.

- '뉴 데이터New Data' 강제 주입: 시간이 빠르게 흐르는 허무함을 막기 위해 오늘 하루 중 단 한 가지라도 '생전 처음 해보는 행동'을 의도적으로 추가한다. 평소와 전혀 다른 길로 퇴근을 해보거나, 단 한 번도 관심을 두지 않았던 분야의 잡지를 한 페이지 읽는 등 뇌가 '자동 스킵'하지 못할 새로운 자극을 주입한다. 잠들기 전, 그 낯설고 새로운 경험이 당신의 죽어있던 세포를 어떻게 깨웠는지 메모장에 기록하며 하루를 마감한다.

열심히 살았는데, 왜 이렇게 숨이 막혔을까

나는 멈추지 못했다. 일이 산더미처럼 쌓여서가 아니었다. 멈출 이유를 스스로에게 단 한 번도 허락하지 않았기 때문이다. 매달 25일이면 어김없이 돌아오는 직원들의 급여날, 숨만 쉬어도 통장에서 모래알처럼 빠져나가는 임대료와 각종 고정 지출의 단위가 커질수록 나는 보이지 않는 거대한 톱니바퀴에 끼여 있는 기분이었다. 기차를 세우는 순간, 다시는 그만한 가속도를 내지 못할 것 같다는 막연한 공포가 나를 짓눌렀다.

"역시 대표님은 다르네요", "젊은 나이에 이 정도 성취라니 대단하십니다"라는 주변의 찬사는 달콤한 독이었다. 그 말들은 나에게 '너는 절대로 무너지면 안 된다'는 서늘한 명령이자, 절대로 내려와서는 안 되는 높은 단상과 같았다. 현실적인 돈의 압박과 책임이라는 채찍질은 나를 계속해서 사지로 몰아넣었고, 나는 엔진이 타들어 가며 비명을 지르는 소리를 외면한 채 억지로 가속 페달을 밟았다.

이러한 폭주는 필연적으로 지독한 고립을 낳았다. 부산 고향 친구들의 모임에서 내 이름은 어느덧 '전설의 포켓몬'으로 통했다. 가족과의 따뜻한 식사 시간조차 나에게는 성장을 저해하는 사치스러운 유예처럼 느껴졌다. 타향살이하며 알게 된 대표들과의 술자리에서도 나는 늘 이방인이었다. 대화가 무르익고 서로의 경계가 느슨해지는 밤 9시, 나는 어김없이 시계를 보며 자리를 털고 일어났다. "급한 기획안이 남아서 먼저 가보겠습니다."

사람들과 깊이 섞이는 것이 두려웠다. 풀어지는 순간, 내가 쌓아 올린 가짜 성벽의 균열이 드러날 것 같았다. 편안함에 익숙해지는 순간, 아무것도 할 줄 몰라 방황하던 20대 중반의 그 초라한 시절로 영영 되돌아갈 것만 같아 나는 나를 긴장이라는 창살 안에 스스로 가두었다.

모임을 빠져나와 혼자 남겨진 방, 내가 가장 먼저 한 일은 정작 대단한 비즈니스 기획이 아니었다. 아무 생각도 하기 싫어서 웹툰을 무의미하게 넘기거나 메이플스토리 유튜버의 영상을 멍하니 보며 뇌를 마비시키는 것이었다. 그렇게 한참을 도망치다 정신을 차리면, 다시 화면 속 검은 글자들이 나를 노려보고 있었다. 나는 나를 단단하게 만드는 법을 잊은 채, '대표'라는 직책과 '성과'라는 감옥 안에서 혼자 썩어가고 있었다.

쉬는 것조차 온전하지 못했다. 하루 아파서 눕는 것은 '통제 가능한 휴식'이라 여겨 받아들였으나, '멈춤'은 결코 허락하지 않았다. 잠시 눈을 붙이는 건 체력을 회복하는 일이지만, 멈추는 건 방향을 점검하는 일이기 때문이다. 나는 엔진의 오일은 갈았지만, 내가 어디로 가고 있는지는 묻지 않았다. "잠깐 쉬자"는 말은 쉽게 내뱉었지만, "한 발 물러서자"는 말은 끝내 하지 못했다.

멈춤이 어려운 이유는 단순하다. 멈추는 순간, 회피해왔던 불편한 질문들이 봇물 터지듯 쏟아지기 때문이다. '나는 왜 이 일을 하고 있는가? 이 길이 정말 내가 원했던 길인가? 지금의 나는 처음 시작했을 때의 그 설렘을 기억하고 있는가?' 강단에서 수없이 '업의 본질'을 외쳤던 나조차 정작 나 자신에게는 던지지 못한 질문들이었다. 나는 나의 허점이 드러날까 봐, 혹은 내가 틀렸다는 사실을 확인하게 될까 봐 두려워 멈추지 않았다. 하지만 멈추지 않는 삶은 선택을 정리하지 못해 결국 삶을 빡빡하게 만드는 것이 아니라 무질서하게

'빽빽하게' 만든다. 우리가 숨이 막히는 이유는 단순히 일이 많아서가 아니라, 내면에 숨 쉴 '공간'이 없기 때문이다.

멈추지 못하는 삶은 겉으로 보기에 강해 보이지만, 실제로는 선택을 정리할 주도권을 잃은 상태다. 우리가 숨이 막히는 이유는 물리적인 업무량 때문이 아니라, 내면에 사유할 공간이 없기 때문이다. 멈춤은 단순히 쉬는 행위가 아니라, 내가 어디로 가고 있는지 확인하는 '방향 점검'의 시간이다. 멈춤을 후퇴가 아닌 '필수적인 확인'으로 재정의할 때 비로소 우리는 빽빽한 삶의 질식에서 벗어날 수 있다.

- '가짜 휴식' 찾아내기: 웹툰이나 유튜브 시청이 정말 즐거운 휴식이었는지, 아니면 현실의 압박으로부터 도망치기 위한 '뇌의 일시정지'였는지 냉정하게 구분해 보자.
- 숫자의 공포 정면으로 마주하기: 매달 나를 짓누르는 고정 지출과 책임의 무게를 숫자로 정직하게 적어 보자. 적는 순간, 그것은 막연한 공포에서 '객관적으로 관리해야 할 리스크'로 바뀐다.
- 직함 뗀 나의 모습 상상하기: '대표' 또는 '팀장' 등 수식어를 완전히 제거했을 때, 지금의 나에게 남는 순수한 즐거움이 무엇인지 단 하나라도 찾아보자.

문제는 능력이 아니라 방향일지도 모른다

불안이 영혼을 잠식할 때 나는 가장 먼저 능력을 의심했다. 실력이 부족해서 흔들리는 것이라 믿었기에 더 많은 자격증을 따고, 더 명망 있는 사람을 만나고, 더 화려한 포트폴리오를 증명하려 애썼다. 인정이 따르고 매출 지표가 우상향할수록 겉으로는 분명 성장하고 있었으나, 밤마다 찾아오는 마음속 공허는 그 숫자의 높이만큼이나 깊어졌다.

어느 날 강의가 끝난 뒤, 한 수강생이 송곳 같은 질문을 던졌다. "대표님, 만약 2010년에 '오늘의 집' 같은 플랫폼을 하겠다는 창업가가 있었다면 어떤 비즈니스 로직으로 답하시겠습니까? 그리고 그 판단의 구체적인 근거는 무엇인가요?"

순간 머릿속이 하얗게 점멸했다. 나는 수많은 비즈니스 구조를 빠르게 요약하고 정리하는 '기교'에는 도가 텄지만, 그 질문은 내 지식의 가장 깊은 밑바닥, 즉 사유의 뿌리를 건드리고 있었다. 나는 임기응변으로 답을 이어갔고 수강생들은 고개를 끄덕였으나, 강단에서 내려오는 순간 절망적인 자괴감이 밀려왔다. 나는 방금 '잘 넘겼을' 뿐, 그 본질을 깊이 있게 이해한 것이 아니었기 때문이다.

집으로 돌아오는 길에 스스로에게 물었다. '나는 정말 알고 있었던 걸까, 아니면 알고 있는 것처럼 말하는 법을 익힌 걸까.' 그 질문이 오래도록 나를 부끄럽게 했다. 돌이켜보니 나는 얕게 많이 아는 '박학식소博學識少'한 사람이었지, 한 분야를 깊게 오래 관조하는 사람은 아니었다. 상황을 읽고 사람을 설득하는 '보여지는 능력치'는 탁월했으나, 그것은 나를 단단하게 지탱해줄 내면의 힘이 아니었다. 나는 성장하고 있다고 믿었지만, 어쩌면 옆으로 확장하고 있었을 뿐인지도 모른다. 확장은 옆으로 넓어지는 것이고, 성장은 아래로 깊어지는 것이다.

능력은 자동차의 가속 장치와 같다. 방향이 설정되어 있다면 목적지까지 빠르게 데려다주지만, 방향이 흐릿한 상태에서 가속만 붙으면 엔진은 결국 과부하로 터져버린다. 10대 후반, '행복'과 '나다움'을 진지하게 고민하며 밤을 지새우던

소년의 순수한 눈빛은 온데간데없고, 시장의 요구에 기민하게 반응하는 기교꾼만이 남아 있었다. 그 사실이 견딜 수 없이 한심했고 초라했다. 나는 이제 더 잘 보이는 사람이 아니라, 스스로를 설득할 수 있을 만큼 안쪽이 꽉 찬 사람이 되고 싶다는 강렬한 갈증을 느꼈다.

그래서 나는 처음으로 '비효율적인 일탈'을 시도했다. 서울 출장길, 빡빡한 미팅 사이를 비집고 성수동 서울숲으로 향했다. 햇빛이 쏟아지는 숲길을 무작정 걸으며 지나가는 노부부와 다정한 커플들을 보았다. "날씨 좋다, 여유롭고 싶다, 저 사람들은 어디로 갈까." 그런 사소하고도 인간적인 생각들을 내 머릿속에 허락하는 것만으로도 숨통이 조금 트이는 기분이었다.

정읍 로컬 프로젝트를 승낙한 것도 비슷한 이유였다. 돈은 되지 않지만, 왕복 수 시간을 차 안에서 보내며 생각할 시간을 벌어줄 것 같았다. 부산에서는 1002번 버스를 타고 해운대와 양산 노선의 끝에서 끝을 정처 없이 오갔다. 지하철 노선의 반대편 끝으로 몸을 실으며 창밖의 풍경이 도시에서 논밭으로 변하는 것을 멍하니 지켜보았다. 그 비효율적인 시간의 낭비 속에서 나는 비로소 '무엇을 더 해야 하는가'가 아닌 '나는 대체 어디로 가고 싶은가'를 아주 느리게 묻기 시작했다.

당신이 지금 느끼는 불안은 실력이 부족해서가 아니다. 그 능력이 당신을 어디로 데려가고 있는지 점검하지 않았기 때문이다. 확장은 우리를 화려하게 만들지만, 성장은 우리를 단단하게 만든다. 성장이 없는 확장은 결국 모래성처럼 무너진다. 이제는 '더 잘하는 법'이 아니라 '어디로 갈 것인가'에 대한 근본적인 질문을 우선순위에 두어야 한다.

- '아는 척'의 영역 도려내기: 내가 남들에게 설명은 잘하지만 사실 스스로는 완벽히 소화하지 못했다고 느끼는 개념이나 업무가 무엇인지 정직하게 인정해 보자.
- 의도적인 '시간 낭비' 배치하기: 목적지 없는 버스 여행이나 정처 없는 산책처럼, 경제적 성과와 전혀 무관한 시간을 통해 뇌의 긴장을 늦추고 내면의 목소리를 들어 보자.

남들이 정해준 답안지로
살아온 시간

우리는 스스로 인생을 설계하며 산다고 믿지만, 실상은 사회가 교묘하게 설계해 놓은 거대한 판 위에서 끊임없이 '선택당하며' 살아간다. 어릴 때부터 우리는 질문에 익숙해져 있다. "성적은?", "어느 대학이 목표야?", "어디 취업할 거야?", "연봉은 얼마나 돼?" 질문의 모양은 매번 바뀌었지만 그 본질은 단 하나였다. 남보다 한 칸이라도 더 높은 곳에 서고, 남보다 단 하루라도 더 빨리 성과를 내며, 남들이 수긍할 만한 안정적인 결과를 내놓으라는 무언의 압박이었다. 그 정해진 기준을 통과하면 안도의 한숨을 내쉴 수 있었지만, 거기서 조금이라도 벗어나면 왜 남들이 가지 않는 길을 택했는지에 대해 구구절절한 자기변명을 늘어놓아야 했다. 설명이 길어질수록 내 안의 불안은 그림자처럼 길게 늘어졌다.

나는 내 삶을 스스로 설계하고 있다고 자부했다. 안정적인 인문계 고등학교 대신 마이스터고등학교라는 남다른 선택을 했고, 잘 다니던 조직을 그만두고 사업을 택했으되, 정해진 코스를 따르지 않았기에 나는 내 삶의 주권을 가졌다고 믿었다. 하지만 돌아보니 나는 그저 다른 모양의 답안지를 풀고 있었을 뿐이었다. 예전의 답안지를 거부했을 뿐, 시대가 내민 새로운 답안지를 받아들었는지도 모른다. 이 시대의 답안지는 과거보다 훨씬 세밀하고 잔인하다. 대학과 직장이 전부였던 시절을 지나, 이제는 창업, 개인 브랜딩, 콘텐츠, 경제적 자유, 빠른 스케일업 같은 단어들이 새로운 신분제이자 정답처럼 제시된다. 선택지는 많아졌고 겉으로는 자유가 확장된 것처럼 보이지만, 불안은 줄어들지 않고 오히려 더 정교하게 우리를 파고든다.

내가 필사적으로 채워 넣었던 그 답안지들은 사실 거대한 '오답'들로 가득 차 있었다. 첫 번째 오답은 '남들이 좋아하는 것을 해야만 한다'는 강박이었다. 시장이 반응하는 것, 대중이 환호하는 것에 나를 맞추느라 정작 내가 무엇에 가슴 뛰는지는 뒷전이 되었다. 두 번째 오답은 '이기적이면 안 된다'는 도덕적 족쇄였다. 나를 먼저 돌보기보다 남을 배려하고 조직을 우선시하는 것이 미덕이라 믿었으나, 그것은 결국 나를 소모품으로 만드는 지름길이었다. 세 번째 오답은 '착한 사람처럼 살아야 한다'는 이미지의 굴레였다. 거절하지 못하고 모두에게 좋은 사람이 되려 애쓰는 동안, 내 안의 진심은 썩어 들어갔다. 마지막 네 번째 오답은 비즈니스 세계의 황금률이라 믿었던 '내가 하고 싶은 것보다 고객이 필요로 하는 것을 해야 한다'는 명제였다. 고객의 니즈라는 명분 아래 나만의 철학과 소신은 점차 마모되어 갔다.

왜일까. 답안지가 사라진 게 아니라, 답안지가 더 많아졌기 때문이다. 이제 우리는 시험지 한 장을 받는 대신 수십 개의 화면을 동시에 본다. SNS에는 누군가의 압도적인 성과와 "이렇게만 살아야 한다"는 확신에 찬 말들이 실시간으로 올라온다. 알고리즘은 더 잘된 사람을 계속해서 보여주며, 마치 그렇게 사는 것이 인류의 표준인 양 분위기를 만든다. 우리는 그것을 정보라고 부르지만, 사실은 우리 존재를 갉아먹는 '비교의 데이터'에 가깝다. 보여지는 삶은 곧 평가의 기준이 되고, 이 구조에서 멈춤은 곧 도태를 의미하게 되었다.

나는 그 견고한 구조 안에서 나 자신을 기만하며 포장했다. 아직 그만한 내실이 쌓이지 않았음에도 대외적으로는 "성공한 창업가"라는 타이틀 뒤에 나를 숨겼다. 컨퍼런스나 네트워킹 자리는 나에게 맞지 않는 거대한 갑옷을 입고 전쟁터에 나가는 기분이었다. 나보다 훨씬 출중한 창업가들 틈에서 사회생활 잘하는 척, 활발한 척 가면을 쓰고 서 있을 때의 그 자괴감은 지독했다. 그때 내 주변에는 우려 섞인 참견들이 끊이지 않았다. "너 이거 하면 주변 사람들이 욕할걸?", "그거 손해 보면서 왜 해? 100% 안 될 거야", "멀쩡한 직장 두고 왜 사서 고생이야? 적당히 만족하고 살아." 그 차가운 현실의 목소리들은 나를 다시 '안전한 오답'의 세계로 끌어당기려 했다.

하지만 내가 정말 닮고 싶었던, 생각에서 누구보다 자유롭고 행복해 보이는 이들은 달랐다. 그들은 타인의 눈치를 보지 않았다. "남들이 욕할 것"이라는 소음 대신 자신의 소신대로 세상을 바꾸는 것에만 신경을 썼다. 그들은 당장 눈앞의 한 걸음이익에 연연하기보다, 저 멀리 자신이 걸어갈 길의 끝을 바라보고 있었다. 끊임없이 몰입하고 연구하는 그들에게 주변의 의식이나 평가 따위는 중요하지 않았다. 그제야 나는 깨달았다. 진짜 계획이란 사람들이 좋아하는 것을 적절히 버무려 내놓는 것이 아니라, 내가 세상에 던지고 싶은 단 하나의 문장을 소신껏 던지는 것임을.

답안지의 진짜 문제는 틀렸을 때가 아니라, 맞았을 때 드러난다. 합격했는데도 공허하다면, 성과를 냈는데도 불안하다면, 그것은 그 선택이 온전히 나의 것이 아니었기 때문이다. 남들이 만든 기준을 통과했을 뿐, 나와 합의한 기준은 아니었기 때문이다. 자유는 선택지가 많은 상태가 아니라, 기준이 분명한 상태에서 나온다. 기준이 없으면 우리는 계속 타인의 성과와 트렌드에 '반응'하며 산다. 반응은 빠르지만 사유는 얕고, 즉각적이지만 결코 오래가지 않는다. 남들이 정해준 답안지는 당장의 안전함을 주지만, 그 안전함이 결코 내면의 단단함을 보장하지는 않는다. 내가 풀어야 할 문제는 세상이 낸 문제가 아니라, 내가 다시 만들어야 할 문제여야만 한다.

자유는 선택의 다양성이 아니라 기준의 독립성에서 온다. "남들이 좋아하는 것"이라는 오답지를 채우는 일을 멈춰야 한다. 진짜 자유로운 자들은 주변의 의식이 아닌 자신의 몰입에 집중하며, 바로 앞의 이득이 아닌 멀리 있는 목적지를 바라본다. 계획은 타인의 기대를 충족시키는 설계가 아니라, 내가 하고 싶은 진실한 문장을 세상에 던지는 용기다. 당신의 답안지가 정답을 맞혔음에도 공허하다면, 이제 그 시험지를 찢고 당신만의 문제를 출제할 때다.

- **나의 '오답 리스트' 작성하기**: 착해야 한다, 이기적이면 안 된다 등 내 삶을 억눌러온 사회적 오답들이 무엇인지 정직하게 적어 보자.
- **주변의 소음 차단하기**: "안 될 거다", "손해다"라고 말하는 타인의 참견 중, 내 소신을 꺾으려 하는 말들을 하나씩 골라 삭제해 보자.
- **나만의 '문장' 던지기**: 오늘 하루, 남들의 취향이 아닌 오직 나의 소신에서 비롯된 말이나 행동을 딱 하나만 실천해 보자.

멈춰 서야
비로소 보이는 것들

달리는 동안에는 결코 보이지 않던 풍경들이 멈춰 서자 비로소 선명해졌다. 하지만 나의 멈춤은 우아한 사유의 과정도, 계획된 자발적 선택도 아니었다. 내가 스스로 기차를 세울 용기를 내지 못하자, 나의 몸이 비명을 지르며 강제로 비상 브레이크를 밟아버린 것이었다. 그것은 부드러운 정지가 아니라, 시속 200km로 달리던 열차가 벽에 들이받는 것과 같은 충돌이었다.

멈추는 것은 개인의 선택처럼 보이지만, 사실은 이 시대와 정면으로 맞서는 행위다. 지금의 시대는 존재를 오직 결과로만 증명하라고 끊임없이 요구한다. 무엇을 했는지, 얼마나 벌었는지, 얼마나 확장했는지. 우리는 존재 그 자체로 평가받지 않는다. 언제나 '무엇을 해냈는가'라는 기능적 성취로 평가받는다. 숫자로 이야기하고 숫자로 평가받던 시절을 지나, 이제는 개개인의 역량이 알고리즘과 데이터 위에 적나라하게 드러나는 시대가 되었다. "너는 얼마나 유능해?"라는 서늘한 질문 아래 우리는 매일같이 수치로 검증된다.

나는 이 구조 안에서 멈추는 것이 곧 소멸이라고 믿었다. '경력 단절'이라는 단어가 주 주는 공포, 더 치열하게 이직하며 몸값을 높여가는 경쟁자들의 뒷모습을 보며, 결과가 멈추는 순간 내 존재의 정당성까지 흔들릴 것이라 확신했다. 그래서 멈춤은 나에게 공백이 아니라 공허였고, 휴식이 아니라 도태였다. 우리는 스스로를 설명할 때조차 언제나 동사를 붙인다. "나는 무엇을 하는 사람이다." 회사명, 직함, 프로젝트, 성과. 움직임이 있어야만 설명이 가능한 삶에서, 움직임이 없는 시간은 사회적 언어로 번역되지 않는 불량품과 같았다.

하지만 나의 몸은 더 이상 그 번역되지 않는 삶을 견디지 못했다. 지독한 고립감 속에서 "나만이 이 모든 것을 책임져야 한다"는 압박감은 뇌전증간질 발작이라는 최후통첩으로 돌아왔다. 강단 위에서 확신에 찬 목소리로 '성공'을 말하던 화려한 대표의 모습은 온데간데없었다. 발작의 순간, 나는 나 자신의 육체조차 통제할 수 없는 무력한 존재가 되었다. 사지가 뒤틀리는 고통 속에서 내가 깨달은 것은, 내가 쌓아온 모든 '가짜 통제권'이 한순간에 산산조각 났다는 사실이었다.

멈추고 나서야 비로소 보였다. 나는 실행의 밀도는 높였지만, 사유의 밀도는 충분히 높이지 못했다는 사실을. 끊임없이 움직이는 삶은 스스로를 돌아볼 틈을 주지 않는다. 깊이 있는 생각은 속도 위에서 자라지 않는데, 우리는 빠른 반응 위에서만 평가받는다. 질문은 오래 붙들어야 깊어지는데, 시대는 즉각적인 답만을 요구한다. 사유 없는 실행은 방향을 잃고 표류할 뿐이다. 멈춰 서서 확인한 구조는 세 가지 진실을 말해주고 있었다.

첫째, 내가 무엇에 반응하며 살아왔는지가 보였다. 나는 선택하는 삶을 살고 있다고 믿었으나, 사실은 요청에 반응하고, 비교에 반응하고, 두려움에 반응하고 있었다. 반응은 즉각적이지만 결코 주도적이지 않다. 반응하는 삶은 바쁘지만, 그것은 나의 의지가 담긴 선택이 아니었다.

둘째, 기준 없는 속도의 허망함이 보였다. 능력은 가속 장치일 뿐이다. 방향이 분명하다면 능력은 우리를 멀리 데려가지만, 방향이 흐릿한 상태에서 능력만 높아지면 우리는 더 빠르게 흔들릴 뿐이다. 나는 그 파괴적인 흔들림을 '성장통'이라 자위하며 속도를 올렸지만, 그것은 성장이 아니라 기준의 부재가 낳은 비명이었다.

셋째, 내가 진짜 두려워하던 것이 무엇인지 보였다. 나는 실패를 두려워한다고 생각했다. 하지만 더 깊은 밑바닥에는 '무의미'에 대한 공포가 있었다. 내가 쌓아온 것이 본질이 아니라 그저 반응의 결과물이었다는 사실이 드러나는 것이 무서웠다. 그래서 계속 움직였다. 움직임은 의미를 증명하는 가장 쉬운 방법이었기 때문이다.

우리는 존재보다 기능에 집착하는 시대에 살고 있다. 어떤 사람이 되는가보다, 어떤 역할을 수행하는가가 더 중요해지는 시대. 기능이 확장될수록 존재는 얇아지고 위태로워진다. 멈추는 순간은 이 얇아진 존재를 다시 묻는 시간이다. "나는 어떤 사람이 되고 싶은가." 이 질문은 당장의 생산성을 만들지는 못하지만, 결코 흔들리지 않는 방향을 만든다.

빠르게 변하는 시대에 멈춤은 비합리적으로 보일지 모른다. 하지만 멈춤은 비합리적인 선택이 아니라 가장 장기적인 전략이다. 멈추지 않으면 우리는 계속 환경에 의해 정의될 뿐이다. 멈출 수 있어야만 비로소 스스로를 정의할 수 있다. 한 발 물러서는 것은 뒤처지는 일이 아니라, 처음으로 자신의 위치를 확인하는 결단이다. 속도를 포기하는 것이 아니라, 방향을 선택하는 일이다.

멈춤은 용기가 아니라 결단이다. 존재보다 기능으로 평가받는 시대에서, 기능을 잠시 내려놓는 것은 나 자신의 존재를 다시 세우는 유일한 길이다. 사유 없는 실행은 우리를 목적지 없는 질주로 몰아넣는다. 멈추어야 비로소 선택할 수 있고, 멈추어야 비로소 나만의 기준을 세울 수 있다. 바닥에 쓰러지는 순간은 끝이 아니라, 가장 정직하게 하늘을 바라볼 수 있는 시작점이다.

- **동사 없는 자기소개 써보기**: 회사명, 직함, 해온 일을 모두 제외하고 '나'라는 사람을 설명할 수 있는 문장을 단 세 가지만 찾아보자.
- **사유의 밀도 체크하기**: 오늘 내가 한 일 중 '깊은 고민'에서 나온 선택은 무엇이고, 타인의 요청이나 환경에 '즉각 반응'한 일은 무엇인지 구분해 보자.
- **비합리적인 전략, 멈춤 실행하기**: 일주일 중 단 1시간이라도 생산성과 전혀 상관없는 공간에서 오직 "나는 어떤 사람이 되고 싶은가"라는 질문 하나만 붙들고 앉아 있어 보자.

불만이 아니라,
신호였다는 걸 뒤늦게 알았다

보도블록의 촉감이 가르쳐준
날것의 진실

살기 위해 시작했던 일이 역설적으로 나를 생존의 임계점까지 몰아넣고 있다는 사실을 깨달은 결정적인 순간이 있었다. 뇌전증 발작으로 정신을 잃었고, 다시 눈을 떴을 때 나는 화려한 사무실이 아닌 차가운 아스팔트 길바닥에 쓰러져 있었다.

정신이 돌아오며 가장 먼저 느껴진 것은 뺨에 닿은 차가운 보도블록의 감촉이었다. 그 단단하고 서늘한 감각은 내가 그

동안 집착했던 비즈니스의 화려한 수식어보다 훨씬 더 선명하고 정직했다. 지나가는 사람들의 웅성거림, 나를 굽어보는 수많은 낯선 발들, 그리고 누군가의 "괜찮으세요?"라는 짧은 물음. 그 순간 내가 느낀 것은 단순한 비참함이 아니었다. 그것은 이 거대한 세상에 나 혼자뿐이라는 '철저한 고립'의 재확인이었다. 수만 명의 인파가 오가는 도심 한복판이었지만, 쓰러진 내 주변으로만 진공 상태 같은 정적이 흐르는 듯했다.

직함이라는 껍데기가 벗겨진 기능적 삶의 허상

불과 몇 시간 전까지 나는 누군가에게 비즈니스의 로직을 가르치고, 수십억 매출의 비전을 논하던 젊은 대표였다. 하지만 길거리에 쓰러진 나는 그저 몸을 가누지 못해 바닥에 널브러진 이름 없는 이방인일 뿐이었다. 내가 그토록 나를 보호해주리라 믿었던 성과와 직함, 그리고 화려한 비즈니스 네트워크는 차가운 바닥 위에서 아무런 힘이 없었다. 정작 내가 바닥에 쓰러져 신음할 때 곁을 지켜준 것은 나의 비즈니스 파트너도, 성공의 증거들도 아닌 이름 모를 행인의 걱정 어린 시선뿐이었다. 나를 증명하던 모든 껍데기가 벗겨진 뒤에야 비로소 날것의 '나'라는 존재가 드러났다.

나는 같이 걷고 있는 줄 알았다. 직원들과, 파트너들과, 나를 찾는 수많은 사람과 함께 광장을 가로지르고 있다고 믿었다. 하지만 발작이라는 강제 정지가 걸린 뒤에야 깨달았다. 사실 나는 벼랑 끝을 홀로 위태롭게 걷고 있었다는 사실을. 사람들은 필요할 때만 나를 '일'로서 찾았고, 기능으로서의 내가 멈추는 순간 나는 그들의 세계에서 즉각 삭제되었다. 쏟아지던 메시지들은 끊겼고, 내가 없으면 무너질 것 같던 세상은 무심하게도 잘만 돌아갔다. 그 고독함과 고통은 단순한 감정적 불만이 아니었다. 그것은 이 가짜 삶에서 당장 탈출Exit하라는 내 몸의 서늘한 구원 신호였다.

추락이 아니라, 제대로 살기 위한 강제 착륙

성과와 숫자에 매몰되어 '나'라는 사람 자체로 존재할 자리를 잃어버렸던 시간들. 나를 증명하기 위해 스스로를 파괴하며 달려왔던 질주는 그 차가운 길바닥에서 멈춰 섰다. 그 발작은 나를 무너뜨리는 저주가 아니라, 더 이상 연기하며 살지 말라는 마지막 경고였다. 바닥에 쓰러지는 것은 추락이 아니었다. 그것은 하늘을 가장 정직하게 바라볼 수 있는 지점으로의 '착륙'이었다.

아무것도 하지 않는 투쟁이
선물한 해방감

나는 이제 그 차가운 바닥에서 몸을 일으켜, 처음으로 나 자신을 위한 결단을 내렸다. 그것은 더 큰 성과를 내는 법을 배우는 것이 아니라, 역설적으로 '아무것도 하지 않는 것'이었다. 약 일주일 동안 나는 모든 사회적 관계와 업무로부터 나를 격리했다. 휴대폰을 끄고, 사무실을 잊고, 오직 숨을 쉬고 밥을 먹는 존재로서의 본질적인 행위에만 집중했다.

처음에는 그 정적이 불안을 몰고 올 줄 알았다. 내가 멈추면 모든 것이 무너지고, 사람들은 나를 잊어버리며, 내가 쌓아온 성벽들이 모래성처럼 씻겨 나갈까 봐 겁이 났다. 하지만 막상 마주한 그 일주일은 예상치 못한 거대한 해방감이었다. 끊임없이 울리던 알림음이 사라진 스마트폰은 무거운 족쇄를 벗어던진 듯 가벼웠고, 누군가의 기대에 부응하지 않아도 되는 시간은 숨 막히는 잠수 끝에 마주한 공기처럼 달콤했다.

내가 없어도 잘 돌아가는 세상에서
회복한 주체성

세상은 나 없이도 아무 일 없다는 듯 평온하게 흘러갔다. 그 사실이 처음에는 조금 씁쓸했지만, 곧이어 형언할 수 없는 자유를 선사했다. '내가 없어도 괜찮다'는 사실은 곧 '내가 모든 것을 짊어질 필요가 없다'는 허락과 같았기 때문이다. 그 일주일의 정적 속에서 나는 비로소 나에게 말을 걸기 시작했다. "이 삶은 정말 내가 원해서 선택한 것인가? 나는 무엇을 위해 이토록 나를 소모해왔는가?"

아무것도 하지 않아도 세상은 멸망하지 않았고, 오히려 나의 내면에는 처음으로 고요한 질서가 잡히기 시작했다. 그 해방감은 나를 다시 일으켜 세우는 강력한 동력이 되었다. 그 질문을 던진 순간, 나의 진짜 인생을 향한 첫 번째 '엑시트'가 시작되었다. 차가운 바닥에 뺨을 대어 본 사람만이 비로소 고개를 들어 하늘의 광활함을 경외심을 담아 볼 수 있는 법이며, 일주일의 멈춤을 통해 얻은 그 낯선 해방감을 맛본 사람만이 비로소 속도에 휘둘리지 않는 주체성을 회복할 수 있다.

우리가 느끼는 지독한 고독과 신체적 붕괴는 실패의 증거가 아니라, 변화가 시급하다는 강력한 신호다. 벼랑 끝에 서 있다는 사실을 정직하게 인정할 때 비로소 진정한 탈출구가 보인다. 타인의 시선에서 자유로워지는 유일한 방법은 내가 나를 증명하려 애쓰던 그 '전쟁터'에서 완전히 걸어 나오는 것이다. 차가운 바닥에 닿은 뒤에야 우리는 비로소 '어떻게 살 것인가'라는 본질적인 질문을 마주할 시야를 얻는다. 결단은 언제나 거창한 시작이 아니라, 용기 있는 멈춤에서 오는 해방감을 만끽하는 것에서부터 시작된다.

- **인생의 '바닥' 감각 기록하기**: 당신이 가장 비참하거나 힘들었던 순간의 감각을 선명하게 떠올려 보자. 그것은 당신을 다시는 그 지옥으로 돌려보내지 않을 가장 강력한 내면의 이정표가 될 것이다.
- **신호 해석하기**: 현재 당신을 괴롭히는 감정이나 통증이 있다면, 그것을 단순히 '제거해야 할 문제'로 보지 말고 '나에게 무엇을 말하고 있는 신호'인지 한 문장으로 적어 보자.
- **완전한 해방의 시간(쉼) 가지기**: 단 며칠이라도 좋으니 모든 생산적인 행위를 중단해 보자. 아무것도 하지 않아도 괜찮다는 사실을 몸소 체험하며, 외부의 요구가 사라진 자리에 남는 진정한 해방감을 느껴보자. 멈춤은 포기가 아니라 진짜 나를 만나기 위한 가장 적극적인 행위다.

바꾸지 않으면
계속 반복될 것 같았다

복귀의 공포 끝에서 마주한
인생의 오답지

일주일간의 짧은 유배가 끝나갈 무렵, 나는 가슴 한구석이 싸해지는 기분을 느꼈다. 낯선 해방감이 주는 달콤함은 잠시였고, 그 뒤를 따라온 것은 거대한 공포였다. 이대로 아무 대책 없이 다시 회사로, 예전의 지독한 일상으로 복귀한다면 이 모든 괴로움이 전보다 더 심하게 반복될 것이라는 확신이 들었기 때문이다.

단순히 며칠 쉰다고 해결될 문제가 아니었다. 일주일의 쉼은 달콤한 휴식이 아니라, 내 삶의 근본적인 설계 오류를 뜯어고치지 않으면 앞으로 어떤 파국이 벌어질지 미리 보여주는 '경고장'과 같았다. 이대로 복귀한다면, 다음번엔 정말로 내 몸과 마음이 완전히 복구 불가능한 상태로 파괴되어 버릴지도 모른다는 서늘한 예감이 엄습했다. 나는 그동안 내가 정답이라 믿고 풀어온 인생의 답안지를 다시 천천히 훑어보았다. 그리고 그 안에서 나를 서서히 죽여온 네 가지 커다란 오답을 발견했다.

나를 서서히 망가뜨려 온 네 가지 가짜 정답들

1. 타인의 평가가 내 유일한 기준이었다: 회사에서 인정받는 것, 남들에게 뒤처지지 않는 것에만 매몰되어 정작 내 안의 비명은 무시했다. 타인의 박수 소리에 중독될수록 내면의 중력은 사라졌다. 남들의 기대라는 틀에 나를 억지로 끼워 맞추려 들수록 '나다움'은 무참히 마모되었고, 나는 결국 타인이 조종하는 대로 움직이며 자아를 잃어가는 정교한 꼭두각시가 되어가고 있었다. 내가 누구인지는 중요하지 않았고, 그들이 나를 어떻게 보느냐가 내 생존의 전부가 되어버린 상태였다.

2. 나보다 조직의 성장이 우선이라는 착각이었다: 리더로서 나를 챙기지 않고 무한히 희생하는 게 최고의 미덕이라 믿었다. 하지만 그것은 엔진 오일이 바닥난 차를 몰고 가속 페달만 밟는 자살 행위와 다를 바 없었다. 엔진이 타들어 가는 냄새를 무시한 채 속도만 올리는 리더는 결국 조직 전체를 대형 사고로 몰고 간다. 나 자신을 소모품으로 대하는 순간, 내가 만든 조직 역시 사람을 소모하는 기계가 된다는 사실을 너무 늦게 깨달았다. 리더의 붕괴는 곧 공동체의 붕괴로 이어진다.

3. 거절 못 하는 예스맨의 비겁함이었다: 누군가에게 실망을 주는 게 두려워 무리한 부탁을 다 받아내고, 모두에게 좋은 사람으로 남으려 안간힘을 썼다. 하지만 그것은 선량한 배려가 아니라, 미움받을 용기가 없어서 선택한 비겁한 도망이었을 뿐이다. 타인의 편안함을 위해 나의 고통을 담보로 잡는 행위가 반복되면서 내 속은 시꺼멓게 타들어 갔다. 거절하지 못한 수많은 '예스'는 결국 나를 향한 '노'가 되어 돌아와 나를 공격했다.

4. 사회적 정답이 내 정답이라는 오해였다: 세상이 정해놓은 성공의 공식, 남들이 좋다는 길로만 무작정 달려가다 보니 내 진짜 목소리와 소신은 증발했다. 남들의 눈치를 보며 정답지를 베끼는 삶은 당장 안전해 보일지 모르지만, 결국

내가 아닌 그 누구라도 대체할 수 있는 흔한 인생으로 나를 몰아넣었다. 나만이 낼 수 있는 색깔은 퇴색되었고, 나는 시장에서 흔하디흔한 '기능적 소모품'으로 전락해 있었다.

타인의 답안지를 찢고 시작하는 주인의 선언

내가 부러워했던, 자기 삶을 당당하게 사는 사람들은 애초에 이런 오답지를 풀지 않았다. 그들은 타인의 시선이나 세상의 눈치 같은 소음 대신, 오직 자기 내면의 심장 소리에 집중했다. 당장 눈앞의 성과가 흔들린다고 해서 안절부절못하기보다, 멀리 내다보며 자신의 길을 묵묵히 걸어가는 단단한 중심이 있었다. 진짜 인생 계획이란 남들이 좋아하는 요소를 적당히 섞어서 보여주는 '전시용 쇼윈도'가 아니라, 내가 세상에 꼭 하고 싶은 말을 당당하게 내뱉는 '주인의 선언'이었다.

회사를 정리하고 내 삶을 다시 세우기 시작하자, 주변에서는 걱정을 가장한 날카로운 참견들을 쏟아냈다. "그 아까운 걸 왜 버려?", "그러다 망하면 누가 책임질 건데." 예전 같았으면 그 말들에 밤잠을 설쳤겠지만, 이미 죽음의 문턱을 보고 온 나에게 그런 참견은 의미 없는 소음일 뿐이었다. 나에게 진짜 손해는 돈을 못 버는 게 아니라 다시 나를 파괴하는 과거로 복귀하는 것이었고, 진짜 기회는 이제야 겨우 찾은 '나만의 목소리'를 지켜내는 것이었다. 나는 이제 더 이상 유능한 척, 잘나가는 척하며 나를 속이지 않기로 했다. 타인의 답안지를 찢어버린 그 텅 빈 자리에서, 비로소 나의 진짜 경기가 시작되었다.

MESSAGE

잠깐의 휴식이 주는 해방감이 다시 불안으로 바뀌지 않게 하는 유일한 방법은 삶의 방식을 근본적으로 뜯어고치는 것이다. 우리가 당연하다고 믿어온 '성실'과 '희생'이 때로는 우리를 죽이는 독이 되기도 한다. "이대로 살면 진짜 끝이다"라는 절박함을 무기 삼아, 나를 억눌러온 가짜 정답들을 과감히 찢어버려야 한다. 인생은 남들의 기대를 채워주는 비겁한 설계가 아니라, 내가 하고 싶은 이야기를 세상에 던지는 단단한 용기에서 시작된다.

ACTION

내 인생의 '오답 노트' 써보기 : '거절 못 하는 예스맨', '회사 올인', '남들 눈치 보기' 등 내 숨을 막히게 했던 오답들을 적고 그 위에 크게 '버리기'라고 써보자.
주변의 참견 무시하기 : "안 될 거다", "나중에 후회한다"는 말들을 나에 대한 공격이 아니라 변화가 두려운 그들만의 걱정일 뿐이라고 생각하고 넘겨버리자.

나만의 '첫마디' 내뱉기: 남들의 기분이나 상황에 맞춘 대답이 아니라, 오늘 하루 오직 내 진심이 담긴 말 한마디를 누군가에게 전하거나 일기에 적어보자. 그것이 내 인생의 진짜 주인으로 살기 시작하는 첫 걸음이다.

도망치는 게 아니라
다시 묻는 거다
"엑시트의 재정의"

자본의 마침표가 아닌
영혼의 제자리 찾기

'엑시트Exit'라는 말을 들으면 사람들은 보통 두 가지 극단적인 장면을 떠올리곤 한다. 수백억의 자산가가 되어 자본의 꼭대기에서 화려하게 은퇴하는 성공의 정점, 혹은 감당할 수 없는 책임과 부채로부터 비겁하게 뒷걸음질 치는 무책임한 도망의 모습이다. 자본주의라는 거대한 경기장에서 엑시트는 언제나 '숫자'로 증명되는 마침표로만 소비되어 왔다. 누군가는 엑시트를 보며 시샘 섞인 축하를 건네고, 누군가는 비난 섞인 야유를 보낸다.

하지만 내가 마주한 엑시트는 그 어느 쪽도 아니었다. 그것은 거창한 성공 신화의 완성도, 비겁한 회피의 선택도 아닌, 내 삶의 본질을 지키기 위한 가장 정직한 '제자리 찾기'였다. 우리는 숫자와 효율이 지배하는 세상에서 내 영혼의 위치를 잃어버린 채 방황한다. 내가 선택한 엑시트는 자본의 논리에서 벗어나 나라는 인간이 마땅히 서 있어야 할 그라운드로 돌아오는 과정이었다. 이것은 숫자로 환산되지 않는 가치이며, 오직 스스로만이 체감할 수 있는 영혼의 독립 선언이다.

맞지 않는 신발을 신고 평생을 달릴 수는 없다

우리는 너무 오랫동안 '멈추지 않는 것'이 최고의 미덕인 세상에서 숨 가쁘게 살아왔다. 조금이라도 속도를 늦추면 영원한 낙오자가 될 것 같고, 대열에서 단 한 발자국만 물러나도 다시는 그 치열한 행진에 합류하지 못할 것 같은 근원적인 공포가 우리를 지배한다. 그래서 우리는 발바닥이 부르트고 발목이 꺾이는 고통 속에서도 억지로 발을 내디딘다. 그러나 우리는 자문해야 한다. 고통을 견디는 것만이 과연 인내이고 성실인가?

발에 맞지 않는 신발을 신고 평생을 전력 질주할 수는 없는 노릇이다. 신발 속에 모래알이 굴러다니고, 발가락이 짓눌려 피가 흐르며, 발목의 뼈가 어긋나기 시작했다면 가장 먼저 해야 할 일은 달리기의 기술을 연마하는 것이 아니다. 당장 달리기를 멈추고 그 불편한 신발을 과감히 벗어 던지는 것이다. 신발을 벗는 순간 사람들은 왜 뛰지 않느냐고 묻겠지만, 그 물음은 중요하지 않다. 내 발의 상처를 돌보고 다시 제대로 걷기 위한 준비를 하는 것, 그것이야말로 인간으로서 내릴 수 있는 가장 존엄하고 용기 있는 선택이다. 엑시트는 경기를 포기하는 항복 선언이 아니라, 나만의 페이스로 걷기 위한 정비 시간이다.

가짜 세계라는 감옥에서 걸어 나와 마주한 고요함

내가 선택한 엑시트는 '나를 둘러싼 가짜 세계로부터의 탈출'이었다. 타인의 부러움 섞인 시선을 동력 삼아 겹겹이 쌓아 올린 화려한 직함, 내 영혼의 갈증은 무시한 채 남들의 기준에 억지로 맞춘 숫자적 성과, 그리고 나를 오직 '쓸모 있는 기능'으로만 여기며 소비하던 비정한 관계들. 그 세계는 겉으로는 화려했으나 안으로는 숨 쉴 틈 없는 빽빽한 감옥과 같았다. 나는 그 안에서 유능한 리더라는 가면을 쓰고 매일 연기하며 스스로를 소모해왔다.

그 감옥에서 스스로 문을 열고 걸어 나오는 순간, 세상은 나를 비난하고 패배자로 낙인찍을 것 같아 두려웠다. 하지만 막상 문밖으로 발을 내디뎠을 때 나를 기다리고 있던 것은 눈부시도록 평온하고 맑은 고요함이었다. 엑시트는 삶을 포기하거나 내팽개치는 행위가 아니다. 오히려 나를 기만해온 가짜 삶에 정중히 작별을 고함으로써, 비로소 단 한 번뿐인 진짜 삶을 시작하는 숭고한 결단이다. 가짜를 버려야 비로소 진짜가 들어올 자리가 생긴다.

껍데기를 지키는 공포에서
나를 찾는 설렘으로

많은 이들이 불안한 눈빛으로 묻는다. "그렇게 쌓아온 것들을 다 내려놓으면 너무 불안하지 않나요? 다시는 기회가 오지 않을까 봐 무섭지 않나요?" 물론 불안하다. 하지만 그 불안은 예전의 나를 질식하게 만들던 그 끈적하고 어두운 불안과는 질감이 전혀 다르다. 예전의 불안이 '내가 가진 껍데기를 잃어버릴까 봐' 생기는 파괴적인 공포였다면, 지금의 불안은 '이제 어떻게 나답게 살 것인가'를 고민하며 생기는 기분 좋은 설렘과 팽팽한 긴장감에 가깝다.

껍데기를 지키기 위한 불안은 사람을 비굴하게 만들지만, 나를 찾기 위한 불안은 사람을 깨어 있게 만든다. 엑시트는 모든 것의 끝이 아니라, 비로소 나 자신에게 가장 정직한 질문을 던질 수 있는 '진짜 인생의 시작점'이다. 이 시작점에서의 불안은 내가 살아 있다는 가장 강력한 증거이며, 새로운 세상을 향해 나아가는 엔진의 진동과도 같다.

타인의 답안지를 찢고 시작하는 진짜 인생

이제 나는 엑시트를 이렇게 정의한다. 그것은 나를 불행하게 만드는 모든 익숙한 관성들로부터 정중히 작별을 고하는 것, 그리고 세상이 내민 뻔한 답안지를 구겨버리고 나만의 질문지를 백지 위에 다시 만드는 일이다. 이것은 결코 패배자의 변명이 아니다. 자신의 영혼에 오롯이 책임을 지기로 한 사람만이 할 수 있는 가장 고결하고 단단한 반항이다.

회사를 정리하고 내 삶을 다시 세우기 시작하자, 주변에서는 걱정하는 척하며 날카로운 말들을 쏟아냈다. "그 아까운 걸 왜 버려?", "그러다 망한다." 예전 같았으면 그 말들에 밤

잠을 설쳤겠지만, 이미 바닥까지 갔다 온 나에게 그런 참견
은 의미 없는 소음일 뿐이었다. 나에게 진짜 손해는 돈을 못
버는 게 아니라 다시 나를 파괴하는 과거로 돌아가는 것이었
고, 진짜 기회는 이제야 겨우 찾은 '나만의 목소리'를 지켜내
는 것이었다.

당신이 지금 숨이 막혀 제자리에 주저앉고 싶다면, 그것은
당신이 무능해서가 아니라 당신의 영혼이 더 늦기 전에 엑시
트 신호를 보내고 있기 때문이다. 도망쳐도 괜찮다. 아니, 때
로는 그 절박한 도망이 당신의 진짜 인생을 향해 날아오르는
가장 빠르고 정직한 도약이 되기도 한다. 타인의 답안지를
찢어버린 그 텅 빈 자리에서, 비로소 나의 진짜 경기가 시작
되었다.

MESSAGE

**엑시트는 삶의 허무한 마침표가 아니라, 가짜로 점철된 문장을 끝내
고 진짜 나만의 문장을 시작하기 위한 결정적인 쉼표다. 남들이 정해
준 성공의 틀에서 과감히 탈출하는 것은 사회적 패배가 아니라 진정
한 자아의 승리다. 신발이 당신의 발을 아프게 한다면, 남들의 눈치를
보며 절뚝거리지 말고 당장 신발을 벗어라. 그것은 무책임이 아니라
당신의 발과 영혼에 대해 리더로서 가질 수 있는 가장 깊은 책임감의
표현이다.**

나만의 엑시트 정의하기: 당신에게 엑시트란 무엇인가? 거창한 비즈니스 용어가 아니라, 당신의 일상에서 '이것만은 내 영혼을 위해 꼭 그만두고 싶다'는 것 하나를 정직하게 적어보자.

불안의 질감 구분하기: 지금 당신을 잠 못 들게 하는 불안이 '남들에게 뒤처질까 봐' 생기는 비교의 공포인지, 아니면 '나답게 살지 못할까 봐' 생기는 자아의 경고인지 가만히 들여다보자. 후자임을 깨닫는 순간, 당신은 이미 엑시트의 문고리를 잡고 있는 것이다.

작은 엑시트의 기쁨 체험하기: 오늘 하루, 남의 눈치나 평판 때문에 억지로 수락했던 작은 부탁이나 관성적인 모임 하나를 정중히 거절해보자. 그 작은 거절 뒤에 찾아오는 낯선 해방감이 당신의 거대한 엑시트를 이끌어낼 첫 번째 불씨가 될 것이다.

지금 이 삶은,
정말 내가 선택한 걸까

질문 앞에 서는
정직하고도 서늘한 공포

나는 이 질문을 오랫동안 교묘하게 피해왔다. "지금 이 삶은 정말 내가 선택한 걸까." 이 질문은 겉보기엔 단순해 보이지만, 마음속에 한 번 품고 나면 지금까지 내린 모든 결정을 날것의 상태로 되돌려 검토하게 만든다. 그래서 불편하다. 스스로 잘 가고 있다고 믿고 싶을수록, 회사에서의 성취가 화려하고 주변의 박수가 뜨거울수록 이 질문은 더욱 날카로운 칼날이 되어 나를 지탱해온 논리를 파고든다. 내가 쌓아 올린 공든 탑이 사실은 내 설계도가 아닌 타인의 지시서에 의해 만들어졌을지도 모른다는 의심은, 한 인간의 자부심을 근간부터 흔들어버리기 때문이다.

자유라는 환상과 정답을 베끼는 관성

우리는 그 어느 때보다 '선택의 자유'가 넘쳐나는 시대에 살고 있다. 전공도, 직업도, 이직할 회사도 마음만 먹으면 고를 수 있는 세상이다. 겉으로 보기에 선택지는 무한히 확장되었고, 예전처럼 부모님이 정해준 길만 묵묵히 걸어야 하는 시대도 아니다. 하지만 아이러니하게도 선택의 자유가 늘어난 만큼 우리가 내리는 결정의 '기준'이 우리 자신의 것인가는 별개의 문제다.

우리는 수많은 길 중 무엇을 고르는 것이 '가장 효율적인 정답'인지 몰라 쩔쩔매며, 결국 가장 많은 사람이 몰려 있는 길을 선택하고는 "이건 내 주체적인 결정이야"라고 자위한다. 유행하는 소비, 유행하는 투자, 유행하는 라이프스타일을 추종하면서도 그것이 나의 고유한 취향이라 믿고 싶어 한다. 하지만 그것은 선택이 아니라, 낙오되지 않기 위해 가장 안전한 대열에 합류하는 '군집 본능'에 가깝다.

이미지가 지배하는 세상,
노골적인 명령보다 무서운 유혹

사회와 SNS는 더 이상 노골적으로 "이 길로 가라"고 명령하지 않는다. 대신 끊임없이 매혹적인 '이미지'를 투척한다. 어떤 삶이 세련된 것인지, 어떤 속도로 성공해야 박수를 받는지 수천 개의 화면을 통해 실시간으로 노출한다. 우리는 그 장면들을 반복해서 보며 '저렇게 살아야 낙오되지 않겠구나'라는 무언의 압박을 받는다.

강요받았다고 느끼지 않기에 그 영향력은 더 깊고 무겁게 스며든다. 그 안에서 내린 선택은 내 의지처럼 보이지만, 정작 그 선택의 출발점이 어디였는지는 누구도 묻지 않는다. 우리는 화면 속 타인의 행복을 내 행복의 기준으로 삼고, 그 이미지를 복제하기 위해 소중한 시간과 에너지를 탕진한다. 내가 원해서 샀다고 믿는 물건, 내가 원해서 시작했다고 믿는 취미가 사실은 '보여지기 위한 연출'은 아니었는지 정직하게 돌아봐야 한다.

창업이라는 사다리 위에서
다시 시작된 속도전

나 역시 남들과 다른 길을 걷고 있다고 굳게 믿었다. 안정적인 회사를 박차고 나왔고, 남들이 가지 않는 창업의 길을 택했기에 나는 정해진 코스를 거부한 자유인이라 생각했다. 그러나 돌아보니 나는 그저 다른 모양의 답안지를 풀고 있었을 뿐이었다. 창업, 투자 유치, 영향력, 규모 확장… 그 단어들이 어느 순간 또 다른 절대적인 정답처럼 내 앞에 놓였고, 나는 그 새로운 사다리에서 떨어지지 않기 위해 안간힘을 쓰고 있었다.

대기업 명함 대신 '대표'라는 직함으로 바뀌었을 뿐, 여전히 시장의 지표와 타인의 평가라는 성적표에 목을 매는 상태는 그대로였다. 자유를 찾아 떠난 항해였지만, 어느새 나는 또 다른 항로의 규정을 지키느라 내가 진짜 가고 싶었던 목적지를 잊어가고 있었다. 창업가라는 정체성마저도 사회가 규정한 '성공한 젊은 리더'의 프레임에 나를 맞추려는 또 다른 강박이었음을 인정해야 했다.

전략은 있지만
방향은 없는 배의 비극

문제는 '무엇을 선택했느냐'가 아니라 '그 선택의 뿌리가 어디인가'였다. 내가 내린 결정의 뿌리를 깊이 파헤쳐 보니 그곳에는 언제나 타인과의 비교가 독버섯처럼 도사리고 있었다. 뒤처지기 싫어서, 초라해 보이기 싫어서, 혹은 남들에게 인정받고 싶어서 내린 결정들은 삶의 방향이 아니라 생존을 위한 '전략'에 불과했다.

전략은 거친 파도를 타는 데 도움을 줄 뿐, 배가 어디로 가야 하는지 알려주지는 못한다. 파도를 잘 타는 법How만 치열하게 고민하다 정작 목적지Where를 잃어버린 셈이다. 파도가 치는 대로, 시장이 원하는 대로 가장 빠르게 반응하는 것이 실력이라 믿었지만 그것은 표류의 다른 이름이었다. 내가 내린 수많은 '전략적 선택'들은 결국 나를 가장 나다운 곳으로 데려다주지 못했다.

러닝머신 위의 질주,
움직임과 전진의 착각

나는 어느 순간 인정할 수밖에 없었다. 내가 선택했다고 믿었던 것들 중 상당수는 사실 두려움을 피하기 위한 비겁한 '반응'이었다는 것을 말이다. 멈추는 순간 내가 아무것도 아닌 존재가 될 것 같았고, 방향을 다시 묻는 순간 지금까지 쌓아온 모든 성취가 부정당할까 봐 겁이 났다. 그래서 계속 움직였다.

헬스장에서 제자리걸음을 하는 러닝머신 위에 올라탄 것처럼, 숨이 턱 끝까지 차오르도록 달리고 있었지만 정작 내 삶은 단 한 걸음도 본질적인 전진을 하지 못하고 있었다. 움직임 자체로 내 생존을 증명하려 애썼을 뿐이다. 하지만 그 설명이 길어질수록 마음은 결코 가벼워지지 않았다. 속도는 내고 있었지만, 내가 맞게 가고 있는지는 끝내 확신하지 못했다. 이 속도는 내가 선택한 것인가, 아니면 멈추는 법을 몰라 마지못해 유지하고 있는 관성인가.

진정한 성장은 선택의 '출처'를 점검하는 것에서 시작된다

진정한 자기계발은 더 많은 기술을 쌓거나 더 높은 스펙을 만드는 일이 아니다. 내 선택의 '출처'를 정직하게 점검하는 일이다. 내 선택이 내면의 단단한 기준에서 나왔는지, 아니면 외부의 소음에서 비롯된 두려움이었는지 구분하는 처절한 훈련이다. 선택지는 수만 가지여도 기준이 없다면 우리는 평생 환경에 반응하며 살게 된다. 반응은 빠르지만 사유는 얕고, 즉각적이지만 결코 오래가지 않는다.

나는 이제야 인정한다. 나는 수많은 선택을 해왔지만, 모든 선택이 온전히 나의 것은 아니었다. 나는 타인의 욕망을 욕망했고, 타인의 지도를 보며 내 길이라 우겼다. 그래서 다시 정중하게 묻는다. 지금 이 삶은 정말 내가 선택한 걸까, 아니면 그냥 멈추지 못해 계속 가고 있는 걸까.

이 질문 앞에서 도망치지 않기로 한 순간, 나는 처음으로 내 삶의 진짜 주인이 되기 시작했다. 1부의 엑시트가 가짜 나로부터 걸어 나오는 문이었다면, 이제 2부에서는 이 텅 빈 자리 위에 나만의 기준을 어떻게 세울 것인지 그 치열한 재건의 과정을 시작하려 한다. 시스템의 붕괴 뒤에 남은 잔해 속에서, 비로소 AI가 대체할 수 없는 나만의 '비린내' 나는 진실을 길어 올릴 준비가 되었다.

질문 앞에 멈춰 서기: 오늘 하루 중 30분만이라도 스마트폰을 내려놓고 스스로에게 물어보자. "지금 내가 하고 있는 고민들은 정말 내 것인가, 아니면 남들의 시선 때문에 생긴 것인가?"

선택의 뿌리 추적하기: 최근에 내린 큰 결정(이직, 투자, 구매 등)을 하나 골라보자. 그 결정의 시작이 나의 소신이었는지, 아니면 '남들이 다 하니까' 혹은 '안 하면 나만 손해일까 봐'였는지 정직하게 적어보자.

전략이 아닌 '방향' 정하기: 살아남기 위해 세웠던 수많은 잔머리(전략)를 잠시 내려놓고, 그것들을 다 걷어냈을 때 남는 당신만의 진짜 '가고 싶은 곳'이 어디인지 단 한 문장으로 정의해 보자.

2부

리브랜딩
Rebranding

나를 다시
이해하기 시작하다

나는 왜 나를
설명하지 못했을까

일주일간의 온전한 쉼을 선택하며 내가 기대한 것은 평온함이었다. 하지만 정작 마주한 것은 뜻밖의 '무능함'이었다. 정확히 말하면, 나 자신을 정의하는 언어가 통째로 파산해버린 것 같았다. 스마트폰을 끄고 사무실이라는 요새에서 벗어나자, 나는 내가 누구인지 설명할 수 있는 단 한 줄의 진실한 문장도 갖고 있지 않다는 사실을 뼈저리게 깨달았다. 세상을 향해 확신에 찬 비전을 던지고 타인에게 정답을 제시하던 나의 화려한 말들은 멈춤의 시간 앞에서 모래성처럼 허망하게 무너져 내렸다. 지독하게 낯설고 서늘한 침묵이었다.

그동안 나는 나를 소개할 때 언제나 '하는 일Doing' 뒤에 숨어왔다. "어느 회사의 대표입니다.", "이런 대형 프로젝트를 성공시켰습니다." 나의 이름 석 자 앞에는 늘 갑옷 같이 견고한 직함이 부목처럼 덧대어져 있었다. 돌아보니 나는 나를 고유한 인간으로 브랜딩한 것이 아니라, 사회라는 거대한 기계가 요구하는 '유능한 부품'으로 연출해왔을 뿐이었다. 부품은 성능으로 자신을 증명해야 한다. 그리고 성능이 멈추는 순간, 부품을 설명하던 언어 또한 즉각적으로 소멸된다는 사실을 나는 뒤늦게 인정해야 했다.

직함이라는 껍질을 벗었을 때 마주한 진짜 내 모습

기묘한 일이었다. '대표'라는 직함이 사라지고 세상에서 내 이름이 지워진 것 같은 정적 속에서, 나는 비참함보다 오히려 영혼이 맑아지는 기분을 느꼈다. 어깨를 짓누르던 수십 명의 책임감과 의사결정의 압박이 사라지자, 그동안 직함에 억눌려 가여워 보이던 진짜 내 이름이 비로소 고개를 들기 시작했다.

타인의 인정이라는 휘발성 연료로 움직이던 기계를 잠시 멈추고, 이제는 조금 '이기적인 사람'이 되어보기로 했다. 누구의 기대를 만족시키기 위한 내가 아니라, 내가 무엇을 좋아하고 무엇을 할 때 가슴이 뛰는지 그 본질적인 주파수를 찾기 시작한 것이다. 타인의 시선에 맞춘 '성취 중심'의 삶에서 내 존재 자체에 집중하는 '존재 중심'의 삶으로, 무거운 갑옷을 벗고 가벼운 살결로 세상을 마주하는 첫걸음이었다.

지식이 똑같아진 시대, 나만의 이야기가 필요한 이유

내가 나를 설명하지 못했던 또 다른 이유는 내가 쌓아온 '기술'에 지나치게 의존했기 때문이다. 과거의 나는 해답을 얻기 위해 서울까지 먼 길을 달려가는 수고를 마다하지 않았고, 밤을 새워 기획서의 난이도를 높이는 치밀한 통찰을 나만의 전매특허처럼 여겼다. 그것이 나를 지탱하는 유일한 권위이자 브랜드 자산이라 믿었다.

하지만 인공지능AI은 내가 수년간 고통스럽게 쌓아온 노하우를 순식간에 '모두를 위한 공평한 지식'으로 만들어버렸다. 내가 가진 기교와 정보력은 더 이상 나만의 무기가 될 수 없었다. 기계가 가장 잘하는 것이 '정해진 답을 세련되게 내놓는 지능'이라면, 나를 '기능'으로만 정의해왔던 순간 나는 이미 기계에게 대체된 유물이나 다름없었다.

앞으로의 세상은 더욱 정교하게 우리를 통제하려 할 것이다. 우리의 건강을 위해 먹고 싶은 음식을 막고, 효율을 위해 최선의 경로만을 강요하며 우리를 스스로 결정하지 못하는 '영원한 아이'로 만들지도 모른다. 시스템이 시키는 대로만

하는 것은 주권의 상실이다. 이제 '무엇을 할 줄 아느냐'는 기능적 질문은 힘을 잃었다. 대신 '어떤 서사를 가진 사람인가'라는 주권적 질문이 그 자리를 채워야 한다.

정읍 시골길에서 찾은
나만의 진동

정읍의 한적한 시골길을 달릴 때, 창밖으로 스미는 맑은 햇살과 비릿한 흙내음이 섞인 바람은 나에게 속삭였다. "너는 지금 이대로 충분하다"고. 라디오에서는 혁오의 노래가 흘러나왔다.

"난 지금 행복해 그래서 불안해, 폭풍 전 바다는 늘 고요하니까… 젊은 우리 나이테는 잘 보이지 않고 찬란한 빛에 눈이 멀어 꺼져가는데."

그 가사처럼 나는 행복하면서도 동시에 불안했다. 이 고요함이 폭풍 전야의 일시적인 쉼일까 봐, 내가 쌓아온 질서가 무너진 자리에 감당 못 할 혼돈이 들이닥칠까 봐 두려웠다. 하지만 그 불안은 예전의 파괴적인 공포가 아니었다. 그것은 나만의 고유한 색깔, 즉 '아우라Aura'를 찾아가는 과정의 성장통이었다.

복제 가능한 지식의 시대에 인간의 가치는 오직 '시간'과

'고통의 서사'에서 나온다. 정읍의 바람 속에서 내가 느낀 그 찰나의 감각, 행복과 불안이 교차하며 만들어내는 나만의 고유한 진동. 그것은 어떤 알고리즘도 흉내 낼 수 없는 나라는 사람의 '오리지널리티'였다.

이제 나는 직함이 아닌 이름으로 불리는 사회의 일원으로 나아간다. "어떤 회사의 대표"라는 익명의 명칭 뒤에 더 이상 숨지 않겠다. 대신 나의 고유한 이름 석 자를 걸고, 내가 지키고 싶은 가치와 내가 사랑하는 감각들을 당당히 이야기하려 한다. 직함은 사라졌지만, 그 자리에 남은 것은 비로소 선명해진 '진짜 나의 이름'이다. 명함 한 장 없이도 나를 온전히 설명할 수 있는 새로운 언어를 찾았다. 그것은 성취를 나타내는 동사가 아니라 나의 결을 드러내는 형용사이며, 화려한 결과가 아니라 정직한 과정의 기록이다. 나는 이제야 비로소, 직함이 삭제된 그 폐허 위에서 진짜 내 이름을 나직이 불러보기 시작했다.

AI가 당신의 기술을 흉내 낼 수는 있어도, 당신이 정읍의 바람 속에서 느꼈던 그 복합적인 감정의 결까지 복제할 수는 없다. 지식이 공평해진 시대에 유일하게 불평등한 자산은 당신의 '서사'다. 조금 이기적이어도 괜찮다. 타인의 인정을 위해 당신의 나이테를 숨기지 마라. 그

투박하고 선명한 나이테가 바로 인공지능 시대를 이기는 당신만의 가
장 강력한 브랜드 아우라다.

나만의 '아우라' 발견하기: 내가 가진 기술 중 AI가 더 잘할 수 있는 것
들을 냉정하게 분류해 보자. 그리고 기계가 절대로 흉내 낼 수 없는
나의 '인간적인 태도'나 '고유한 취향'은 무엇인지 하나만 찾아보자.

이기적인 기쁨 리스트 만들기: 남들에게 보여주기 위한 것 말고, 오직
'나의 기쁨'을 위해서만 존재하는 사소한 행위 3가지를 적어보자.
(예: 맑은 날 드라이브하며 특정 노래 듣기)

껍데기가 사라진 뒤에야
비로소 보이는 '진짜 사람'

엑시트를 선언하고 무거운 사무실 문을 나선 뒤 맞이한 첫 번째 월요일, 나를 가장 먼저 반긴 것은 기대했던 활기찬 아침이 아니라 역설적이게도 지독하리만치 고요한 '적막'이었다. 매달 25일이면 어김없이 돌아오던 직원들의 급여날, 숨만 쉬어도 모래알처럼 빠져나가는 임대료와 각종 고정 지출이라는 거대한 톱니바퀴에서 마침내 해방되었다는 사실이 비로소 온몸의 감각으로 실감 났다. 타들어 가던 엔진 소리는 멈췄고, 그 뜨거웠던 열기가 빠져나간 자리에는 차갑지만 서늘한 해방감이 스며들었다.

하지만 해방감의 뒤편에는 예기치 못한 감정의 파동이 뒤

따랐다. 가장 먼저 반응한 것은 내 손에 쥐어진 스마트폰이었다. 하루에도 수십 통씩 쉼 없이 울려대던 비즈니스 콜과 단체방의 메시지들이 거짓말처럼 잦아들었다. 내가 가진 '대표'라는 직함이 제공하던 사회적 효용 가치가 사라지자, 나를 촘촘하게 감싸고 있던 화려한 인맥의 그물망도 순식간에 느슨해졌다. 그것은 단순히 연락 횟수가 줄어든 것이 아니었다. 내가 쌓아온 세계의 지지 기반이 얼마나 '기능적'이었는지를 증명하는 서늘한 성적표와 같았다.

동심이라는 도피처, 메이플스토리의 BGM이 들릴 때

내가 한창 폭주하던 시절, 가장 깊은 도피처는 아이러니하게도 모니터 안의 세상이었다. 많은 남자가 그러하듯 나에게도 메이플스토리는 단순히 게임이 아니었다. 그것은 성인이 되어서도 언제든 돌아갈 수 있는 유일한 동심의 세계관이었다. 아무 생각 없이 본체의 전원 버튼을 누르고, 스피커에서 흘러나오는 평화롭고 아름다운 BGM을 들으며 로그인하는 순간, 나는 비로소 '대표'가 아닌 '나'로 돌아가는 기분을 느꼈다.

수많은 채널 속에서 나만의 자리를 고르고, 내 캐릭터를 키우기 위해 장시간 몰입했던 시간들. 현실 세계에서의 성과는 늘 예측 불가능한 변수와 타인의 시선에 휘둘려 불안했지만, 게임 속에서는 내가 들인 시간과 노력만큼 정직하게 레벨이 올랐다. 나는 그 명확하고 정직한 보상이 그리웠던 것이다. 현실에서 내가 쌓아 올린 '대표'라는 가짜 성벽보다, 게임 속 내 캐릭터의 작은 나이테가 나에게는 훨씬 더 단단한 안도감을 주었다.

하지만 그 도피의 기저에는 무거운 두려움이 도사리고 있었다. 바로 '남들에 비해 뒤처지고 있다'는 공포였다. SNS라는 신분제 사회에서 남들의 화려한 전적을 보며 내 수준은 여전히 1레벨에 멈춰 있는 것 같은 서늘한 알림을 매일 받아야 했다. 그 비교의 지옥에서 벗어나기 위해 나는 게임 속으로 숨어들었고, 그곳에서조차 '레벨업'이라는 또 다른 성취의 굴레를 반복하며 나를 소모하고 있었다.

이해관계가 사라진 뒤에야 드러나는 것들 : 품성의 시간

인간관계의 진실성은 이해관계가 사라진 뒤에야 비로소 증명된다. 우리는 보통 상대가 나에게 친절할 때 그가 좋은 사람이라고 믿어버린다. 하지만 그것은 그의 본연의 '품성'

이 아니라 그가 처한 '상황'이 만드는 일시적인 연극일 때가 많다. 내가 대표라는 단상 위에 서 있었을 때 쏟아졌던 수많은 환대와 찬사들은, 인간 김종언이 아닌 내가 쥐고 있던 '기능'과 '결정권'에 대한 경의였음을 아프게 인정해야 했다.

갑옷을 벗고 나니, 나를 오직 '필요'로만 대했던 이들은 새벽 안개처럼 조용히 사라졌다. 하지만 그 잔인한 빈자리에서 비로소 진짜 '사람'들이 보석처럼 빛나기 시작했다. 내가 더 이상 유능한 파트너가 아님에도 여전히 나의 안부를 묻고 나의 다음 걸음을 궁금해하는 이들이 있었다. 그들은 나를 성과Doing로 호출하지 않고, 존재Being 그 자체로 호명해주었다. 진짜 단단한 관계는 화려한 네트워킹 파티가 아니라, 서로에게 줄 이득이 아무것도 남지 않았을 때 건네는 사소하고 투명한 배려 속에서 만들어진다.

무거운 사명에서 가벼운 사명으로 : 나를 일으키는 새로운 힘

인간을 일어서게 하는 것은 버틸 수 있는 체력이 아니라, 자신을 지탱하는 사명이다. 과거 나의 사명은 무겁고 비대했다. "회사를 키워야 한다", "업계의 기준이 되어야 한다"는 거창한 문장들이 내 어깨를 짓눌렀다. 그 무거운 사명은 결국 나를 병들게 했고, 뇌전증이라는 비상 브레이크를 밟게 만들었다. 그것은 내 영혼이 감당할 수 없는 크기의 숙제였다.

이제 나는 그 무거운 사명을 내려놓고, 훨씬 더 '가벼운 사명'을 붙들기로 했다. 지금의 나는 오직 나 자신을 위해, 그리고 내 곁에 있는 소중한 사람들을 위해 더 잘 살기로 결심했다. 내가 하고 싶은 일을 더 즐겁게 해내는 것, 내 영혼이 기뻐하는 선택을 하는 것. 이 이기적일 만큼 사적인 사명이 아이러니하게도 나를 가장 힘 있게 일으켜 세운다.

직함을 내려놓고 남은 것은 허무함이 아니라, 비로소 나라는 인간의 순수한 본질로 돌아가려는 강력한 회귀 본능이었다. 나는 이제 명함 속에 박제된 내가 아니라, 아침 공기의 냄새에 설레고 맑은 태양 빛 아래 목적지 없는 드라이브를 즐기며, 사랑하는 이들의 진짜 이름을 따뜻하게 부를 수 있는 '나'로서 이미 충분하다. 이 가벼워진 어깨가 나의 리브랜딩을 완성할 가장 소중한 밑바닥 데이터가 되어주고 있다.

직함이라는 화려한 외투가 사라진 뒤 당신 곁에 남은 사람들이 바로 당신 인생의 진짜 자산이다. 무거운 사회적 사명에 질식하지 마라. 당신 자신과 당신 곁의 사람을 위해 행복해지기로 하는 '가벼운 사명'이 당신을 더 오래, 더 멀리 걷게 할 것이다. 조금 이기적이어도 괜찮다. 당신의 내면을 당신만의 고유한 주파수로 채우는 시간이 깊어질수록, 당신은 비로소 누구나 곁에 두고 싶어 하는 '인간적 아우라'를 가진 존재로 거듭나게 될 것이다.

나만의 'BGM'으로 리셋하기: 게임 음악이나 특정 노래처럼, 듣는 것만으로도 당신을 평온하게 하고 직함이 없던 어린 시절의 순수함을 깨우는 환경을 하나 정해 보자. 스트레스가 임계점에 도달할 때 그곳으로 5분간 '정신적 엑시트'를 감행해 보자.

사명의 다이어트 실행하기: "세상을 바꾸겠다"는 거창한 문장 대신, "오늘 하루 나와 내 소중한 사람을 위해 이것 하나는 꼭 하겠다"는 아주 작고 가벼운 사명을 한 줄 적어 보자. 가벼울수록 당신의 실행력은 더 단단해진다.

성실함이라는 최면에 가려진 '자기 착취'의 민낯

세상은 내가 거둔 성과를 '성공'이라 불렀고, 끊임없이 우상 향하는 지표를 보며 환호했다. 하지만 그 화려한 그래프의 이면에서 나는 매일 조금씩 파괴되고 있었다. 사람들은 내가 얼마나 멀리 왔는지, 다음 고지는 어디인지에만 주목했을 뿐, 정작 그 길을 걷는 동안 내 엔진이 얼마나 시커멓게 타들어가고 있는지는 묻지 않았다. 나조차 나에게 묻지 않았다. "잘하고 있다"는 타인의 찬사를 연료 삼아 억지로 달리는 동안, 잔고는 늘어갔을지 몰라도 영혼의 장부는 이미 심각한 마이너스를 기록하고 있었다. 그때의 나는 성실했던 것이 아니라, 나 자신을 가장 지독하게 학대하는 '자기 착취'의 가해자였다.

일Work로만 호출되던 존재, 그리고 '확신'이라는 잔인한 연극

그동안 세상은 나를 '김종언'이라는 고유한 숨을 쉬는 사람으로 궁금해하지 않았다. 직함이라는 단단한 껍데기를 다 벗겨냈을 때 남는, 상처받기 쉽고 고독하며 때로는 사소한 일상에 기뻐하는 한 인간의 본연을 누구도 들여다보려 하지 않았다. 대신 나라는 사람이 가진 '해결사로서의 기능'에만 열광했다. 안부의 형태를 띤 질문들은 본질적으로 나의 에너지와 통찰을 뽑아 쓰려는 '기능적 호출'에 불과했다.

특히 나를 가장 지치게 했던 것은 비전의 집약체라 불리는 '사업계획서'였다. 그것은 나에게 일종의 '허구의 확신'을 전제한 잔인한 연극 무대였다. 한 치 앞도 내다볼 수 없는 불투명한 미래를 정교한 숫자와 논리로 포장하는 작업은 창작의 고통을 넘어선 기만적 행위에 가까웠다. 기획서의 난이도가 높아질수록, 나는 점점 더 세련된 거짓말쟁이가 되어가는 기분이었다. 하지만 내가 펜을 놓는 순간 모든 동력이 멈춘다는 책임감이 나를 벼랑 끝으로 밀어 넣었다. 나는 무작정 나아갔고, 그 보폭이 커질수록 내 영혼의 나이테는 비정상적인 속도로 뒤틀리고 있었다.

"역시 잘하시니까요", 찬사의 탈을 쓴 무책임한 방관

지쳐버린 나를 가장 서글프게 했던 것은 아이러니하게도 주변이 보내는 두터운 신뢰였다. "대표님은 어떤 상황에서도 알아서 잘하시니까요." 이 말은 최고의 찬사처럼 들렸지만, 실상은 "어떤 고통이 있더라도 네가 혼자 책임져라"는 차가운 선포와 다름없었다. 찬사는 곧 고립이었다. 유능하다는 낙인이 찍히는 순간, 나는 타인에게 기대거나 약점을 보일 권리를 박탈당했다.

사람들은 나의 '완벽함'이라는 이미지 뒤에 숨어 나를 관찰할 뿐이었다. 신뢰라는 이름의 방관 속에서 나는 무너지고 싶어도 안전하게 무너질 곳이 단 한 군데도 없는 높은 단상 위에 갇혀 질식해가고 있었다. 오직 성과로만 연결된 관계 속에서 나는 살아있는 인간 김종언이 아니라, 결과물을 찍어내는 기계로 소비되고 있었다.

도파민적 마취와 뇌가 보내는 마지막 신호

지독하게 지쳐버렸을 때, 나는 현실의 무게를 견디지 못하

고 웹툰의 스크롤을 무의미하게 넘기거나 게임 속으로 숨어
들었다. 뇌과학적으로 보면 그것은 뇌가 선택한 처절한 자구
책이었다. 현실의 복잡한 인과관계와 책임감을 처리하기에
뇌가 이미 과부하 상태였을 때, 즉각적인 보상을 주는 도파
민적 자극을 통해 실재하는 통증을 마비시키려 한 것이다.
그것은 휴식이 아니라 처절한 마취였다.

우리 뇌는 '디폴트 모드 네트워크DMN', 즉 아무것도 하지
않고 멍하니 있을 때 가동되는 창조적 복구 시간을 간절히
원했다. 하지만 나는 그 멈춤의 신호를 '나태'로 규정하며 가
혹하게 채찍질했다. 나는 엔진 오일이 다 말라 버린 자동차를
타고 질주하는 광기 어린 운전자였다. 불안은 능력의 결핍이
아니라 나만의 기준이 부재할 때 찾아오는 법인데, 나는 '더
많이'라는 외부의 기준에 나를 맞추느라 내면의 합의를 이끌
어낼 최소한의 여유조차 스스로에게 허락하지 않았다.

체력이 아니라 '사명'이 나를 다시 세운다

존 스튜어트 밀은 인간을 일어서게 하는 힘은 체력이 아니
라 '사명'에서 온다고 했다. 과거 나의 사명은 "회사를 압도적
으로 키우겠다"는 식의 무겁고 비대한 것이었다. 그것은 나의

목소리가 아니라 세상이 내준 '보여주기식 숙제'였다. 사명이 무거우면 책임이 되지만, 사명이 나다우면 에너지가 된다.

이제 나는 그 거추장스러운 껍데기를 버리고, 훨씬 가벼우나 더 단단한 사명을 붙들기로 했다. '오늘 하루 내가 사랑하는 사람들과 마주 앉아 따뜻한 밥 한 끼를 온전히 즐기는 것', '내가 진짜 하고 싶은 본질적인 일에 단 1시간이라도 깊게 몰입해보는 것'. 이 이기적일 만큼 사적인 사명이 아이러니하게도 나를 그 어떤 성공 신화보다 힘 있게 일으켜 세운다.

리브랜딩은 나를 착취하지 않겠다는 독립 선언

잘해온 성과보다 지쳐버린 내 마음을 먼저 정직하게 돌보기로 한 순간, 나는 비로소 리브랜딩의 진짜 동력을 얻었다. 리브랜딩은 나를 더 화려하게 포장하는 기술이 아니다. 그것은 내가 나를 더 이상 '성공'이라는 이름으로 착취하지 않겠다는 실존적 결단이며, 내 인생의 주도권을 타인의 찬사로부터 다시 내 손으로 회수해오는 독립 선언이다. 타인의 정답지를 찢어버리고 내가 직접 문제를 출제하는 삶, 그것이 타버린 엔진을 복구하고 다시 경기장에 서는 플레이어의 시작이다.

당신이 지금 사회적으로 잘하고 있다는 증거가 당신의 영혼이 안녕하다는 증거는 아니다. "너는 원래 잘하니까"라는 타인의 무책임한 찬사에 속아 당신의 피로를 방치하지 마라. 확신 없는 미래를 타인을 위해 억지로 연기하는 것은 당신의 영혼을 헐값에 팔아넘기는 행위다. 숭고한 사명은 거창한 구호가 아니라, 당신의 소박한 일상을 지켜내겠다는 아주 사소한 다짐에서부터 시작된다. 잘해온 당신보다, 지금 숨이 차 헐떡이는 당신을 먼저 안아주어야 한다.

'가짜 확신' 리스트 작성하기: 남들의 기대에 부응하기 위해 억지로 "무조건 잘될 겁니다"라고 공언했거나, 스스로도 확신 없이 등 떠밀려 추진했던 일들을 적어보자. 종이 위에 그 이름을 적는 것만으로도 보이지 않는 무게가 덜어질 것이다.

칭찬의 무게 거부하기: 누군가 "대표님은 역시 강하시네요"라고 말할 때, "저도 사실 지금은 조금 지쳤고 도움이 필요합니다"라고 솔직하게 고백하는 연습을 해 보자. 완벽하지 않아도, 무너져도 괜찮다는 허락을 당신 자신에게 먼저 주어야 한다.

사명 다이어트 실행하기: 당신의 수명을 깎아 먹는 '무거운 사명'들을 과감히 삭제하고, 오직 당신의 순수한 즐거움과 사랑하는 사람의 미소만을 위한 '가벼운 사명' 세 가지만 남겨 보자.

엉뚱한 곳에 집중하느라 놓쳐버린 소중한 것들

엑시트 이후 찾아온 광활한 정적 속에서 나는 내 삶의 궤적을 찬찬히 훑어보았다. 그것은 마치 서재 구석에 먼지 쌓인 채 방치되었던 오래된 책을 다시 꺼내 읽는 기분이었다. 나의 삶이 적혀있는 책의 텍스트는 변하지 않았지만, 그 책을 통과시키는 '나'라는 주체의 시각과 삶의 밀도가 변했기 때문이다. 나 역시 내가 필사적으로 써 내려온 20대의 기록들을 지금의 엑시트라는 렌즈로 다시 읽기 시작했을 때, 그동안 성공이라는 화려한 수사학에 가려 보지 못했던 지독하고도 일관된 '자기 파괴적 패턴' 하나를 발견했다. 그것은 바로 '기준 없는 확장'이라는 이름의 도피였다.

박학식소博學識少의 함정 :
깊어지기보다 넓어지기를 택한 심리적 기제

나는 오랫동안 스스로를 '끊임없이 성장하는 사람'이라 정의해왔다. 하지만 정직하게 나의 내면을 해부해보니, 그것은 성장이 아니라 비대해지는 '확장'에 불과했다. 하나에 깊이 파고들어 사유의 뿌리를 내리는 고통을 견디기보다, 자꾸만 새로운 분야, 세련된 지식, 그럴듯한 사업 아이템으로 눈을 돌렸다.

왜 그랬을까? 내 안의 가장 깊은 밑바닥에는 '뒤처질지 모른다는 근원적인 공포'가 괴물처럼 도사리고 있었다. SNS라는 견고한 신분제 사회에서 저 멀리 앞서가는 타인들의 전적을 볼 때마다, 나는 내가 모르는 무언가 비밀스러운 정답이 그들에게만 있을 것이라 확신했다. "저 트렌드를 모르면 도태될 거야", "저 기술을 익히지 않으면 내 가치는 폭락할 거야"라는 서늘한 유혹은 매일 아침 스마트폰 알림처럼 나를 흔들었다.

과거에는 해답을 얻기 위해 서울까지 몇 시간을 달려가는 수고를 아끼지 않았고, 남들이 모르는 고급 정보를 선점하는 것이 곧 나의 유일한 실력이라 믿었다. 그렇게 얕게 많이 아는 '박학식소'한 기교꾼이 되어갈수록, 대중 앞에서는 더 확신에 찬 목소리를 낼 수 있었다. 하지만 많이 알수록 '아는 척'하기는 쉬워졌으나, 정작 나를 지탱할 내면의 밀도는 수채화 물감처럼 묽어졌다. 나는 옆으로 넓어지고 있었지만, 결코 아래로 깊어지지는 못하고 있었다. 밖으로 뻗어 나가는 가지는 화려하고 무거워졌지만, 정작 그 무게를 지탱해야 할 영혼의 뿌리는 서서히 썩어가고 있었던 셈이다.

보이지 않는 고릴라 :
우리는 무엇을 위해 공을 던지는가

심리학의 유명한 '보이지 않는 고릴라' 실험은 우리에게 서늘한 실존적 진실을 말해준다. 흰 옷을 입은 사람들이 공을 몇 번 주고받는지 세어달라는 특정한 '목표'가 주어지는 순간, 우리 뇌는 그 장면 중앙을 유유히 가로지르는 고릴라를 전혀 보지 못한다. 목표가 시야를 가리고, 주의력이 본질을 소외시키는 역설이 발생하는 것이다.

나의 지난 삶이 딱 그러했다. 나는 '매출 지표', '직함의 무게', '사회적 영향력'이라는 공의 개수를 세는 데 나의 모든 신경을 곤두세웠다. 공을 떨어뜨리지 않기 위해, 남들보다 더 많은 공을 받아내기 위해 나는 24시간 내내 필사적으로 움직였다. 그렇게 숫자를 세는 데 몰두하는 동안, 정작 내 인생의 한복판을 가로지르던 진짜 소중한 가치들—가족과의 온기 어린 식사, 나 자신을 향한 정직한 물음, 그리고 존재 그 자체에서 뿜어져 나오는 '아우라'라는 고릴라들을 나는 철저히 놓치고 있었다.

나의 패턴은 언제나 '반응 Reaction'이었다. 환경이 요구하는 목표에 즉각적으로 반응하고, 타인의 시선이 지시하는 방향에 반응하며 공의 개수를 세는 데 내 소중한 인생을 낭비했다. 내가 주도적으로 문제를 출제하는 '출제자'가 아니라, 세상이 내민 뻔한 오답지의 빈칸을 가장 빨리 채우려는 '수험생'으로 살았기에 내 시야는 늘 바늘구멍처럼 좁아져 있었다. 확신 없는 미래를 확신 있게 만들어야 한다는 그 강박적인 책임감이, 정작 지금 여기의 진실을 보지 못하게 눈을 가리고 있었다.

패턴을 읽는다는 것, 리브랜딩이라는 재해석의 시작

이제 나는 이 지독한 패턴의 고리를 끊어내려 한다. 1002번 버스를 타고 도시의 소음에서 멀어질 때 느꼈던 그 투명한 고요함처럼, 이제는 외부에서 쏟아지는 정보와 자극에 즉각적으로 반응하기를 의도적으로 멈춘다. 객관적인 사건은

한 번 일어나면 지나가 버리지만, 그 사건을 나의 삶 속에서 '어떻게 해석하고 배치하느냐'는 온전히 나의 주권에 달린 문제다.

나는 내가 왜 멈추지 못했는지, 왜 자꾸만 옆으로 확장하며 스스로를 소모하려 했는지 그 심리적 기제들을 이제야 객관화하여 바라보기 시작했다. 그것은 나의 무능함이나 의지 부족이 아니라, 나를 지켜줄 내면의 '단단한 중력기준'이 없었기에 발생한 필연적인 방황이었다. 기준이 없으니 모든 바람에 흔들렸고, 중력이 없으니 모든 유혹에 끌려다녔던 것이다.

리브랜딩은 새로운 나를 인위적으로 발명해내는 화려한 기술이 아니다. 그것은 내가 수십 년간 무의식적으로 반복해온, 내 삶을 해석하는 '잘못된 인생 읽기 습관'을 정직하게 직시하고 교정해나가는 과정이다. 그동안 나는 남들이 던져준 공의 개수를 세는 데에만 모든 에너지를 쏟아왔다. 매출액, 팔로워 수, 직함의 무게 같은 숫자들이 곧 나의 존재 가치라 믿으며, 그 숫자를 하나라도 더 늘리기 위해 필사적이었다. 하지만 이제 나는 그 공의 개수를 세는 일을 과감히 멈춘다. 수치에 매몰되어 시야가 좁아진 상태를 거부하기로 한 것이다.

대신 고개를 들어 내 인생의 중앙을 유유히 가로지르는 진짜 본질, 그 거대하고 정직한 '고릴라'를 직시한다. 그것은 내가 그토록 외면해왔던 나의 나약함일 수도 있고, 혹은 오랫동안 잊고 지냈던 순수한 열정일 수도 있다. 보이지 않던 이 본질적인 것들이 선명하게 보이기 시작할 때 비로소 리브랜딩의 실체가 드러난다. 이제 더 이상 남들이 짜놓은 답안지의 빈칸을 채우기 위해 허덕이지 않겠다. 대신 내가 직접 인생의 질문을 던지는 '출제자'가 되어 나만의 문제를 정의하기 시작할 때, 그 어디에도 없는 나만의 진짜 브랜드는 비로소 시작된다.

당신이 자꾸만 새로운 정보와 분야에 눈을 돌리는 이유는 당신이 열정적이어서가 아니라, 당신의 중심이 비어 있기 때문일지 모른다. '더 많이, 더 빨리'라는 가짜 목표는 당신의 시야를 가리고 진짜 소중한 '삶의 고릴라'를 놓치게 만든다. 과거의 패턴을 부끄러워하거나 후회하지 마라. 대신 그것을 현재의 단단해진 기준으로 다시 읽어라. 목표를 '타인의 박수'에서 '나만의 중력'으로 바꾸는 순간, 보이지 않던 당신의 진짜 인생이 비로소 찬란한 모습을 드러낼 것이다.

- **나의 '가짜 목표' 도려내기**: 지금 당신이 가장 많은 에너지를 쏟고 있는 일들 중, 사실은 '남들에게 뒤처질까 봐' 혹은 '유능해 보이기 위해' 설정한 목표가 무엇인지 솔직하게 적어 보자. 그 목표를 포기했을 때 찾아오는 두려움의 실체를 마주해 보자.

- **내 인생의 '고릴라' 리스트 작성하기**: 만약 당신이 지금 세우고 있는 '성취의 숫자'와 '타인의 인정'을 모두 잊어버린다면, 당신의 삶에서 가장 먼저 보일 소중한 가치는 무엇인가? 예: 깊은 밤의 정적, 사랑하는 이의 숨소리, 나만의 고유한 취향 등

- **확장이 아닌 '심화'의 시간 갖기**: 오늘 하루, 새로운 정보를 검색하거나 습득하는 대신 이미 알고 있는 지식 하나를 붙잡고 1시간 동안 깊게 사유해 보자. 혹은 과거의 아픈 기억 하나를 꺼내 '이것이 나에게 준 선물은 무엇인가'라는 관점으로 재해석해 보는 시간을 가져보자. 확장을 멈출 때 비로소 깊이가 시작된다.

결핍이 반복해서
알려준 메시지

리브랜딩의 과정에서 가장 고통스러운 지점은 내가 그토록 가리고 싶어 했던 '결핍'의 밑바닥을 정면으로 응시하는 일이다. 나의 20대를 지배한 것은 뜨거운 열정이 아니라 '못나 보이고 싶지 않다'는 처절한 방어 기제였다. 무시당하고 싶지 않았고, 뒤처지기 싫었으며, 세상의 표준 규격에서 낙오되지 않았음을 증명하기 위해 나는 매일 분장을 이어갔다. 명함이라는 방패가 사라지자, 그동안 성취라는 소음 아래 억눌러왔던 결핍의 날카로운 목소리들이 다시금 내 귓가를 파고들기 시작했다. 그것은 지워야 할 소음이 아니라, 내가 누구인지를 가리키는 가장 정직한 이정표였다.

결핍은 나를 세상에서 가장 훌륭한 연기자로 만들었다. 특히 '모른다는 것에 대한 공포'는 지독하리만치 나를 괴롭혔다. 비즈니스 미팅에서 처음 듣는 용어나 낯선 담론이 나와도 나는 결코 당황하지 않았다. 오히려 눈을 가늘게 뜨고 고개를 끄덕이며 "아, 그거요. 저도 그렇게 생각합니다"라며 적절히 호응했다. 속으로는 스마트폰을 꺼내 그 단어를 검색하느라 손바닥에 축축하게 땀이 배었지만, 겉으로는 누구보다 세련된 통찰을 가진 기획자를 완벽하게 연기해냈다. 귓가에는 늘 "이것도 몰라요? 대표님이?"라는 가상의 비난이 환청처럼 울려 퍼졌고, 나는 그 환청과 싸우기 위해 매일 밤 그렇게 얕게 많이 아는 '박학식소'의 기술을 연마했다.

비싼 것을 봐도 무감각한 척, 돈의 무게에 초연한 척했던 순간들도 아프게 기억난다. 사실은 손이 떨릴 정도로 부담스러운 가격이었음에도, 나는 그것이 마치 나의 평범한 일상인 양 무심하게 카드를 내밀었다. 돈에 대한 무감각함을 연기하는 것이 곧 성공한 자의 여유이자 품격이라고 착각했기 때문이다. 화려하게 자신을 포장하고 '있어 보이는' 척할수록 사람들은 환호했고, 나는 그 환호에 중독되어 더 두꺼운 가면을 썼다. 하지만 그 분칠을 지우고 돌아오는 캄캄한 밤이면, 나는 연극이 끝난 무대 뒤에서 세상에서 가장 가난한 마음을 가진 채 홀로 잠들어야 했다.

중장비 자격증과 토익 학원: 엉뚱한 확장의 실체

21살, 퇴사를 선언하고 광야로 나왔을 때 내가 가장 먼저 한 일은 무엇이었을까? 놀랍게도 그것은 나의 꿈을 찾는 일이 아니라, 남들에게 '뭐라도 하고 있음'을 보여주기 위한 엉뚱한 수집이었다. 정확한 이유는 기억나지 않지만, 나는 중장비 자격증 책을 샀고 부산대학교 앞의 토익 학원을 등록했다. 중장비와 토익. 서로 아무런 상관관계도 없는 이 파편화된 지식들에 매달렸던 이유는 단 하나였다. 가만히 있으면 도태될 것 같았고, 무엇이라도 배우고 있지 않으면 무능해 보일 것 같다는 공포 때문이었다.

물론 그 학원은 몇 번 가보지도 못하고 그만두었다. 내 안의 사명에서 우러나온 선택이 아니라, 타인의 눈치를 보며 급하게 사들인 '가짜 무기'였기 때문이다. 그때의 나는 나를 증명하고 싶어 더 달렸지만, 그 달음박질의 동기는 언제나 외부의 시선이라는 차가운 채찍질이었다. 여기서 나는 스스

120

로에게 묻는다. "그때 내가 진짜로 갖고 싶었던 것은 자격증이었을까, 아니면 누군가의 인정이었을까?"

세상에 아무도 없다면, 나는 무엇을 했을까

어느 날 누군가 나에게 물었다. "만약 이 세상에 아무도 없고 당신 혼자만 남겨진다면, 당신은 무엇을 했을 것 같나요?" 나는 그 질문 앞에서 한참을 멈춰 서야 했다. 그리고 지독하리만치 정직한 답이 내 안에서 흘러나왔다. "아무것도 하지 않았을 것 같습니다."

그렇다. 나는 사실 가만히 있고 싶었고, 누구와도 경쟁하고 싶지 않았다. 남들의 속도에 맞춰 억지로 엔진을 과부하시키는 대신, 오직 나만의 속도로 유유자적하게 걷고 싶었다. 내가 그토록 필사적으로 일궈온 성취의 상당 부분은 사실 '나'를 위한 것이 아니라 '타인에게 보이기 위한 연극'에 가까웠음을 인정하는 순간, 가슴 한구석이 서늘해지면서도 묘한 해방감이 찾아왔다. 결핍을 가리기 위해 억지로 달리는 것을 멈추기로 한 순간, 비로소 진짜 내 삶의 본질들이 보이기 시작했다.

일산의 칼국수와 낯선 책:
회복된 일상의 아우라

성공이라는 지표를 세는 데 눈이 멀었을 때, 나에게 밥은 그저 미팅을 위한 수단이거나 스트레스를 풀기 위한 자극적인 마취제였다. 늘 미팅 시간에 쫓겨 급하게 입안으로 밀어 넣기 바빴고, 맛을 느끼기보다는 배를 채우는 기능에 집중했다. 하지만 이제 나는 '또간집'을 보며 찾아낸 일산의 칼국수 집을 가기 위해 기꺼이 시간을 낸다. 조금 멀더라도, 비효율적이더라도 내가 진짜 먹고 싶은 것을 선택하고, 긴장감 없는 편안한 상태에서 그 온기를 즐긴다.

책을 고르는 기준도 변했다. 예전에는 '트렌드'나 '성공학'처럼 나를 더 유능해 보이게 만들어줄 것 같은 책들만 편식하듯 읽었다. 하지만 이제는 나와 전혀 상관없는 분야의 책, 혹은 아무런 목적 없이 마음을 끄는 문장들을 붙잡고 한참을 사유한다. 확장을 멈추자 비로소 깊이가 시작된 것이다. 주말과 저녁의 조용함 속에서 나만의 시간을 지켜내고, 내 건강을 돌보며, 내 곁을 지켜준 사람들의 소중함을 온몸으로 느끼는 것. 이 지극히 평범한 일상이 인공지능이 절대로 복제할 수 없는 나만의 '비싼 서사'가 된다.

결핍에서 중력으로:
인정 욕구의 리브랜딩

완벽한 지능의 시대에 인간이 가질 수 있는 유일한 가치는 역설적으로 '정직한 결핍'이다. 인공지능AI은 세상의 모든 지식을 학습하여 '모른다는 것'이 존재하지 않는 완벽한 지성체다. 하지만 AI는 수만 장의 완벽한 기획안을 내놓을 수는 있어도, 내가 21살의 그 막막한 밤에 중장비 자격증 책을 매만지며 느꼈던 그 불안과 떨림까지는 복제할 수 없다. 부모님께 용돈을 보내며 느꼈던 그 복잡한 죄책감과 사랑의 결, 그리고 인정받고 싶어 발버둥 쳤던 그 사람 냄새 나는 서사가 있었기에, 지금의 나는 타인의 아픔을 읽어내고 진실한 문장을 던지는 '아우라'를 가질 수 있게 되었다.

이제 나는 더 이상 나의 결핍을 화려한 포장지로 가리지 않는다. 모르는 것은 모른다고 말하며, 그 공백을 함께 채워가는 '배움의 과정' 자체를 나의 브랜드 서사로 삼는다. 결핍은 나를 괴롭히던 유령이 아니라, 내가 어디로 가야 할지를 알려주는 내면의 중력이었다. 내가 가진 상처와 부족함은 지워야 할 오점이 아니라, 나라는 브랜드를 구성하는 가장 독보적이고 입체적인 무늬다.

결핍이 반복해서 알려준 메시지는 명확하다. "완벽한 척하지 마라, 당신의 결핍이 곧 유니크함이다." 이제 나는 나의 빈틈을 통해 들어오는 빛을 믿는다. 그 빛이 나를 대체 불가능한 존재로 만드는 리브랜딩의 시작이기 때문이다.

당신이 그토록 숨기고 싶어 하는 그 결핍이야말로 타인이 당신에게 매혹되는 진짜 아우라의 출처다. 완벽한 지능의 시대에 인간의 가치는 '얼마나 많이 아느냐'가 아니라 '어떻게 자신의 부족함을 인정하고 성장하느냐'에서 결정된다. 모르는 것을 인정할 때 비로소 당신만의 진짜 공부가 시작되고, 결핍을 정직하게 대면할 때 당신만의 유일무이한 서사가 완성된다. 당신의 결핍을 사랑하라. 그것이 당신을 인공지능 시대로부터 구원할 유일한 길이다.

'모른다'고 선언해 보기: 오늘 하루, 대화 도중 잘 모르는 내용이 나오면 아는 척하며 넘기기보다 "그 부분은 제가 잘 모르겠습니다. 혹시 설명해 주실 수 있나요?"라고 정직하게 말해 보세요. 그때 당신의 마음에서 느껴지는 낯선 해방감과 상대방의 눈빛이 어떻게 변하는지 가만히 관찰해 보세요.

동기의 출처 점검하기: 지금 당신을 움직이게 하는 에너지가 '나의 기쁨'에서 나오는지, 아니면 '타인에게 무시당하기 싫은 마음'에서 나오는지 정직하게 분류해 보세요. 만약 후자라면, "세상에 아무도 없다면 나는 무엇을 했을까?"라는 질문을 자신에게 다시 한번 던져 보세요.

보여주기 위해 살았던 가짜 시간들과의 작별

한때 나에게 SNS는 단순한 소통의 창구가 아니었다. 그곳은 보이지 않는 계급이 존재하고 매일같이 치열한 증명이 벌어지는 거대한 '신분제 사회'이자 콜로세움이었다. 매일 아침 눈을 뜨자마자 무의식적으로 엄지손가락을 놀려 화면을 넘길 때마다, 나는 타인의 화려한 전적과 승전보를 목격하며 이름 모를 서늘한 공포를 느껴야 했다. 알고리즘이 쉼 없이 큐레이션해 보여주는 타인의 세련된 사무실 풍경, 수천만 원의 매출 인증 샷, 화려한 인맥을 과시하는 사진들은 마치 내 존재의 빈약함을 공격하는 날카로운 화살처럼 다가왔다. "너는 지금 무엇을 하고 있느냐"는 무언의 압박은 나를 끊임없이 위협했고, 그 공포를 잠재우기 위해 내가 선택한 최선의 방어책은 역설적이게도 더 화려하고 단단한 '껍데기'를 만들어 전시하는 것이었다. 나의 나약함과 불안을 들키지 않기 위해, 나는 더 크고 무거운 장식들을 내 삶에 덧대며 견고한 성벽을 쌓기 시작했다.

표창장이라는 이름의 무거운 족쇄: 박제된 과거의 허망함

대표 시절, 나는 나를 보호하고 유능함을 증명하기 위해 겹겹이 쌓아 올린 화려한 껍데기들 뒤로 숨었다. 지역 최대 규모의 앱 서비스를 운영하며 약 30명의 직원의 생계를 어깨에 짊어지고, 월 거래액 4~5억 원이라는 숫자를 매달 찍어내는 '젊은 수장'의 자리는 나에게 그 어떤 실수나 약점도 허용하지 않는 엄격한 무대였다. 특히 문화체육관광부장관 표창장을 비롯해 각종 공신력 있는 기관에서 받은 수상 경력들은 내 서재 책장을 가득 메운 금빛 성벽과 같았다. 나는 그 화려한 상장들의 금빛 테두리를 정성스럽게 앵글에 담아 SNS에 게시하며 "모든 공은 동료들에게 돌립니다"라는 겸손을 가장한, 그러나 실제로는 나의 권위를 공고히 하려는 오만한 문구들을 덧붙였다.

하지만 사진을 찍고 포스팅을 완료한 뒤 스마트폰을 내려놓는 순간, 내게 밀려오는 것은 성취감이 아니라 지독하고 서늘한 허무함이었다. 그 상장들은 이미 지나간 시간 속에 박제되어 더 이상 흐르지 않는, 과거의 나에게는 눈부신 영광이었을지 모르나 현재의 나에게는 그 어떤 생명력도 공급해주지 못하는 '죽은 종이'에 불과했기 때문이다. 나는 불확실한 현재를 지탱하기 위해 이미 유효기간이 끝난 과거의 유물을 끌어와 방패로 삼고 있었다. 그것은 전형적인 '무거운 문명'의 모습이었다. 무거운 직함, 무거운 상장, 무거운 성과를 겹겹이 쌓아 올려야만 겨우 나라는 존재를 유지할 수 있었던, 비대하지만 속은 텅 빈 연약한 시절의 기록이었다. 그 무게가 무거워질수록 나는 정작 내면의 목소리를 듣는 법을 잊어가고 있었다.

바닷가재의 자세:
가짜 갑옷을 벗고 내면의 어깨를 펴는 법

조던 피터슨이 말하는 '바닷가재'의 비유는 지극히 생물학적이면서도 뼈아픈 실존적 교훈을 준다. 바닷가재는 서열 다툼에서 패배하면 뇌 속의 신경 화학 물질이 변하면서 몸을 잔뜩 웅크리고 숨는다. 반면 승리한 바닷가재는 세로토닌 수치가 높아지며 가슴을 펴고 위풍당당하게 걷는다. SNS라는 거대한 서열 전쟁터에서 나는 늘 타인의 압도적인 성공과 비교당하며 기가 죽어 신체적으로나 정신적으로 몸을 웅크린 '패배한 바닷가재'와 다름없었다. 하지만 남들에게 약해 보이고 싶지 않았던 나는, 굽어버린 어깨 위에 '장관 표창장'이라는 무겁고 뻣뻣한 가짜 갑옷을 걸친 채 아주 당당한 척 연기를 지속해왔다. 가짜 갑옷은 겉보기엔 화려했지만, 입고 있는 나에게는 피를 말리는 긴장감과 피로를 안겨주었다.

진정한 리브랜딩은 이 무겁기만 한 가짜 갑옷을 스스로 벗어 던지고, 아무런 수식어와 훈장이 없는 날것의 상태에서도 어깨를 펴는 '내면의 자세'를 회복하는 일이다. 바닷가재처럼 어깨를 펴는 행위는 단순히 타인에게 강해 보이기 위한 위장이 아니다. 그것은 내 삶이 가진 모든 고통과 기쁨, 그리고 상처까지 온전히 내 책임으로 받아들이겠다는 주권적인 결단이자, 더 이상 외부의 평가나 좋아요 숫자에 내 행복 호르몬의 수치를 맡기지 않겠다는 독립 선언이다. 최근 유명 다큐멘터리 감독님이 나를 보고 "종언 씨, 요즘 훨씬 좋아 보이네요. 인상이 편안해졌어요"라고 말해주었을 때, 나는 비로소 깨달았다. 나의 당당함은 이제 외부가 부여한 계급장이 아니라, 내가 스스로 세운 '나만의 단단한 중력기준'에서 뿜어져 나오고 있다는 사실을 말이다. 갑옷을 벗었을 때 비로소 나는 더 자유롭고 유연하게 움직일 수 있는 존재가 되었다.

경량 문명 시대의 기록 :
'보여주는 무대'에서 '발화하는 실험실'로

엑시트 이후, 나는 SNS를 대하는 태도를 근본적으로 바꾸었다. 현재 4만 명의 팔로워를 보유한 '팩터종언' 계정은 이제 더 이상 나의 성공을 화려하게 전시하여 타인의 부러움을 사는 쇼케이스가 아니다. 그곳은 내가 진정으로 관심 있어 하는 주제를 나만의 날카로운 방식으로 기록하고 검증하는 '사유의 실험실'이자 개인 기록 보관소다. 과거에는 사람들이 내민 답안지에 정답을 적어 내듯 대중이 좋아할 만한 콘텐츠를 올렸다면, 지금은 내가 직접 세상에 질문을 던지고 나만의 가설을 실험하는 출제자가 되었다.

우리는 이제 거대한 조직의 이름 뒤에 숨지 않고도 개인의 무대를 가질 수 있는 '경량 문명'의 시대를 살고 있다. 무겁고 거창한 담론이나 권위적인 선언이 아니라, 개인의 진실한 취향과 소신이 담긴 '가벼운 콘텐츠'가 오히려 더 강력한 인간적 아우라를 발휘하는 시대다. 나는 이제 일산의 칼국수 한 그릇에서 얻은 여유, 트렌드 리포트 대신 읽는 전혀 낯선 분야의 책에서의 사유 등 아주 사소하지만 정직한 나의 목소리를 기록한다. 화려한 무대를 관리하고 유지하려 애쓰던 시절보다, 나만의 투박한 실험에 집중하는 지금 나는 훨씬 더 자유롭고 단단해졌다.

보여주기 위해 살았던 무거운 시간들과 작별한 자리에는, 타인의 시선이라는 거대한 중력에서 벗어나 오직 나만의 궤도를 유영하는 '자유로운 개인'의 아우라가 남았다. 이제 나의 브랜드는 내가 받은 화려한 상장이 아니라, 내가 내뱉는 정직한 문장 하나하나와 그 문장에 담긴 진정성에서 완성된다. 무거웠던 가면을 벗어 던졌을 때 비로소 나는 세상과 가장 가볍고도 진실하게 연결될 수 있었다.

과거의 훈장과 상장은 유효기간이 지난 영수증일 뿐, 당신의 오늘을 지켜주지 못한다. 그것은 당신이 한때 유능했음을 증명할 뿐, 지금 이 순간 당신이 어떤 인간인지는 말해주지 않는다. 보여주기 위한 무겁고 버거운 삶을 멈추고, 당신의 진심이 담긴 가볍고 정직한 기록을 시작하라. SNS는 당신의 사회적 계급을 증명하는 전쟁터가 아니라, 당신의 소신을 발화하는 확성기여야 한다. 구부정한 어깨를 펴라. 당신은 화려한 상장이 없어도, 그저 당신의 진실한 문장을 가진 것만으로도 이미 충분한 권위를 가진 오리지널이다.

서재의 '유물'과 이별하기: 당신의 사회적 유능함을 증명하기 위해 주기적으로 공유했던 상장, 위촉장, 행사 사진들을 다시 꺼내 보자. 그것이 지금의 당신에게 정말로 뜨거운 영감을 주는지, 아니면 그저 과거의 영광에 매몰되게 만드는 무거운 짐인지 냉정하게 평가해 보자.

나만의 '칼국수 시간'과 기록: 남들의 시선이나 생산성과는 전혀 상관없이, 오직 당신의 감각을 위해 존재하는 1시간을 가져보자. 그리고 그 시간에 느낀 사소한 감각을 '팩터종언'처럼 타인의 시선을 배제한 채 당신만의 언어로 딱 한 줄만 기록해 보자.

의도적인 바닷가재 자세 연습: 스마트폰 화면 속 타인의 삶을 들여다보느라 굽어 있던 당신의 어깨와 목을 뒤로 젖히고 가슴을 활짝 펴보자. 외부의 알림 소리가 아닌, 당신의 폐부 깊숙이 스미는 호흡에 집중하며 '나는 내 삶의 주권자다'라고 선언해 보자. 물리적 자세의 변화가 당신의 신경계를 깨울 것이다.

실패가 아니라,
해석하지 못했던 경험

조던 피터슨은 우리 삶의 본질을 '질서Known'와 '혼돈Un-known'의 아슬아슬한 경계에 서 있는 과정이라고 정의한다. 우리는 보통 내가 통제할 수 있고 예측 가능한 익숙한 환경인 '질서' 속에 머물 때 안도감을 느끼며, 그 질서가 무너지고 예상치 못한 고통인 '혼돈'이 들이닥칠 때 이를 재앙이자 처참한 실패라고 부른다. 하지만 혼돈은 단순히 우리를 파괴하기 위해 찾아오지 않는다. 그 무질서의 심연 안에는 아직 발견되지 않은 새로운 질서의 씨앗, 즉 우리를 이전보다 훨씬 더 높은 차원으로 끌어올릴 '거대한 잠재력'과 데이터가 숨어 있다.

나는 나의 가장 고통스러웠던 기억들을 이제 '실패'라는 낡은 서랍에서 꺼내 '필수적인 데이터'라는 이름의 새로운 서랍으로 옮기려 한다. 해석되지 않은 고통은 지워지지 않는 흉터로 남아 우리를 평생 자책과 후회 속에 갉아먹지만, 정직하게 마주하고 해석된 고통은 그 누구도 흉내 낼 수 없는 나만의 독보적인 브랜드 자산이 되기 때문이다.

길바닥의 데이터 :
선택과 집중, 그리고 지속 가능성이라는 가르침

뇌전증 발작으로 차가운 보도블록 위에 쓰러졌던 그날의 기억은 오랫동안 나에게 지우고 싶은 수치이자 삶의 저주였다. 하지만 리브랜딩의 렌즈로 그날의 폐허를 다시 들여다보았을 때, 그 처참한 순간은 나에게 인생에서 가장 중요한 본질적인 데이터를 실시간으로 전송하고 있었다. 뺨에 닿았던 그 서늘한 보도블록의 감각은 사실 내 인생의 가짜 엔진을 강제로 끄고, 진짜 삶의 궤도로 복귀하라는 육체의 처절한 리셋 신호였다.

그날의 충격은 나에게 '선택과 집중'이라는 과제를 강제 집행했다. 타인의 모든 요청에 부응하고, 세상의 모든 비즈니스 기회를 움켜쥐려던 나의 비대한 욕심이 시스템 전체의 과부하를 불러왔음을 몸소 증명한 것이다. 내 몸은 바닥에 고꾸라짐으로써 나에게 비명을 지르듯 소리쳤다. "진짜 네가 쥐어야 할 단 하나의 본질과, 지금 당장 놓아야 할 부수적인 것들을 냉정하게 구분하라"고. 그날의 데이터는 나에게 '지속 가능성'이라는 새로운 지표를 선물했다. 아무리 화려한 매출 곡선도 엔진 자체가 타버리면 무의미하다는 사실을, 나는 차가운 아스팔트 위에서 온몸의 감각으로 뼈저리게 배웠다. 그것은 파괴가 아니라, 더 견고한 질서를 세우기 위한 필연적인 멈춤이었다.

삼성이라는 우회로 : 돌아가는 길이 결국 가장 빠른 길이었다

나의 인생에서 가장 큰 '패배'라고 믿었던 또 다른 기억이 있다. 21살, 수만 명의 지원자가 오랜 시간을 바쳐 준비하는 삼성전자 공채에 최종 합격했을 때, 나는 드디어 세상이 정해준 '정답지'에 도달했다고 확신했다. 하지만 특별한 개인적 사정으로 그 문턱을 넘지 못하고 좌절되었을 때, 나는 마치 결승선 앞에서 다리가 꺾인 선수처럼 세상이 무너지는 고통을 맛보았다. "왜 나에게만 이런 가혹한 시련이 오는가"라며 매일 밤 하늘을 원망했다. 그것은 내가 믿었던 완벽한 질서가 산산조각 나는 순간이었다.

하지만 지금의 관점에서 돌이켜보면 그 실패는 나를 살린 '운명적인 구원의 우회로'였다. 만약 그때 내가 삼성이라는 거대한 질서 시스템 속으로 편입되었다면, 지금처럼 나만의 목소리를 내고 나만의 단단한 기준을 세우는 '김종언'이라는 고유한 브랜드는 결코 존재하지 않았을 것이다. 안정적인 조직 안에서 거대한 기계의 부속품Doing으로 안주했을 내가, 광야로 사정없이 내몰려 스스로 길을 찾는 법을 익혔기에 지금처럼 대체 불가능한 자아Being를 가질 수 있었다. 안정은 달콤하지만, 야성은 결핍과 방황 속에서만 길러지기 때문이다.

우리는 흔히 직선도로가 목표에 도달하는 가장 빠른 길이라고 믿는다. 하지만 인생이라는 험난한 산맥을 넘을 때, 때로는 굽이굽이 돌아가는 우회로가 정상에 도달하는 가장 안전하고 확실한 길이 된다. 21살의 그 실패는 나를 늦춘 것이 아니라, 나에게 맞는 유일한 속도와 방향을 찾아주기 위한 삶의 배려였다. 우회로를 지나는 동안 나는 남들이 보지 못하는 풍경을 보았고, 남들이 겪지 않은 추위를 견디며 정신의 근육을 키웠다. 돌아온 시간이 어쩌면 내 인생을 통틀어 가장 빠르게 '진짜 나'에게 가기 위한 지름길이었음을, 나는 엑시트 이후에야 비로소 깨달았다.

혼돈을 질서로 바꾸는 해석의 힘 :
데이터가 만드는 아우라

실패는 사건 그 자체가 아니라, 그 사건을 창조적으로 해석하지 못한 채 방치한 상태를 의미한다. 조던 피터슨이 말했듯, 우리가 혼돈의 한복판에서 절망하는 대신 고개를 들어 하늘을 바라볼 때 비로소 새로운 질서의 역사는 시작된다. 길바닥에 쓰러졌던 경험도, 꿈꿨던 직장에 들어가지 못한 좌절도, 이제 나에게는 '나다운 기준'을 세우기 위해 반드시 통과해야만 했던 필수적인 원시 데이터들이다.

이 파편화된 데이터들이 하나로 모여 나라는 브랜드의 독보적인 '아우라'를 완성한다. 발터 베냐민이 말한 복제 불가능한 오리지널리티는 바로 이런 굴곡진 서사와 고통의 틈새에서 탄생한다. 아무런 시련 없이 정돈된 길만 걸어온 사람에게선 느낄 수 없는 사유의 깊이, 그리고 단단하게 다져진 정신의 근육이 곧 나의 경쟁력이 된다.

나는 이제 나의 실패들을 진심으로 사랑하기로 했다. 그 고통스러운 데이터들이 없었더라면 나는 여전히 타인의 정답지를 훔쳐보며 내 삶의 점수를 구걸하는, 기준 없는 수험생에 불과했을 것이기 때문이다. 실패를 정직하게 해석하는 순간, 과거의 모든 혼돈은 현재의 찬란한 질서로 재탄생한다.

당신을 무너뜨린 것처럼 보이는 시련은 당신을 파괴하려는 음모가 아니라, 당신의 '가짜 질서'를 깨뜨리고 진짜 인생을 선물하려는 삶의 거친 손길이다. 당신이 지금 이름 모를 '우회로'에 서 있다면 절대 초조해하지 마라. 그 길은 당신을 늦게 만드는 방해물이 아니라, 당신을 세상에서 가장 독보적인 존재로 만드는 '당신만을 위해 설계된 특별한 길'이다. 실패를 고통으로만 남겨두지 말고 성장을 위한 데이터로 해석하라. 정직하게 해석된 고통은 당신을 그 누구도 대체할 수 없는 위대한 서사의 주인공으로 만들 것이다.

- **실패의 데이터 리포트 작성하기**: 당신의 인생에서 가장 지우고 싶은 '실패' 혹은 '사건' 세 가지를 적어보자. 그리고 각 사건이 당신에게 가르쳐준 '삶의 절대적인 우선순위'가 무엇이었는지 데이터적인 관점에서 기록해 보자. 고통이 아닌 교훈에 집중하라.
- **우회로의 가치 재발견하기**: 당시에는 절망적인 좌절이었으나, 시간이 흐른 지금 보니 '오히려 그때 그 일이 없었더라면 지금의 소중한 것을 놓쳤을 것'이라고 느껴지는 사건을 하나 떠올려 보자. 그 우회로가 당신의 삶에서 지켜준 본질적인 가치는 무엇인가?
- **혼돈 속에서 질문 던지기**: 지금 혹시 앞이 보이지 않는 혼돈 속에 있다면, 당장 억지로 해결책을 찾으려 애쓰기보다 "이 혼돈이 나에게 요구하고 있는 '새로운 인생의 질서'는 무엇인가?"라고 스스로에게 질문을 던지는 시간을 가져 보자. 혼돈은 언제나 더 큰 질서를 향한 전조 현상이다.

타인의 질문이 아닌
'나만의 문장'으로 답하는 삶

긴 여정을 거치며 나는 다시 새로운 출발선에 섰다. 나를 억누르던 가짜 세계로부터 도망치듯 빠져나온 시간들이 지나고, 이제는 그 폐허 위에서 오직 나만의 기준을 찾아가는 재건의 시간이다. 나는 더 이상 남들이 짜놓은 답안지에 정답을 적어내기 위해 허덕이지 않는다. 대신 내가 직접 내 인생의 문제를 내는 '출제자'로서, 아무런 수식어 없는 나 자신을 세상에 다시 소개하려 한다. 그것은 누군가에게 잘 보이려는 연극이 아니라, 내가 나로 살기로 한 가장 솔직하고도 단호한 독립 선언이다.

명함은 필요합니다, 하지만 그 안의 문장은 달라져야 합니다

사회생활을 하다 보면 명함은 여전히 필요하다. 그것은 처음 만난 낯선 사람과 나를 이어주는 최소한의 연결고리이자, 서로의 위치를 확인하는 실질적인 비즈니스 도구이기 때문이다. 하지만 예전의 나에게 명함은 단순한 도구 그 이상이었다. 그것은 세상의 무시로부터 나를 지켜주는 가장 튼튼한 방패였고, 내가 사회적으로 쓸모 있는 인간임을 증명하는 유일한 물적 증거였다. 명함에 박힌 '대표'라는 두 글자가 곧 나의 가치라고 굳게 믿었기에, 나는 그 얇은 종이 뒤에 숨어있을 때만 비로소 안심할 수 있었다. 명함이 없는 상태의 나는 그저 길 잃은 어린아이처럼 무력했고, 나의 존재 자체를 증명할 방법을 알지 못했다.

하지만 직함이라는 이름표가 삭제되었을 때 밀려온 존재론적 공포를 겪으며 나는 비로소 깨달았다. 명함이라는 종이 자체가 문제가 아니라, 명함 속에 나를 설명할 '나만의 언어'가 없었다는 것이 진짜 문제였다는 사실을 말이다. 그동안 나는 '나'로 산 게 아니라, 사회가 시키는 역할을 수행하는 정교한 기계에 가까웠다. 부품은 오직 성능으로 자신을 증명해야 하지만, 사람은 자신의 존재 의미와 지향점으로 스스로를 증명해야 한다. 껍데기가 사라진 자리에 남은 것은 비참함이 아니라, 비로소 나만의 언어를 채워 넣을 수 있는 광활한 백지였다.

이제 누군가 나에게 당신은 누구냐고 묻는다면, 나는 명함을 건네며 상대의 눈을 똑바로 보고 이렇게 말한다.

"저는 소상공인 생태계를 혁신하고 싶어 하는, '팩터종언'이라는 채널을 운영하는 김종언입니다."

이 말은 단순히 나의 직업을 설명하는 수단이 아니다. 내가 무엇을 잘하고, 어떤 미래를 꿈꾸며, 세상에 어떤 가치를 던지고 싶은지를 담은 나의 '진짜 이름'이다. 이제 나는 남들의 박수를 받기 위해 억지로 나를 포장하거나 비대한 숫자를 나열하며 권위를 세우려 하지 않는다. 대신 내가 진짜 재미있어하고 잘할 수 있는 일, 특히 소상공인들이 현장에서 겪는 현실적인 문제들을 해결하고 그들과 함께 호흡하며 성장하는 과정에 내 모든 에너지를 쏟는다. 이 새로운 자기소개 안에는 더 이상 뒤처질지 모른다는 불안도, 남보다 앞서가야 한다는 강박도 없다. 오직 나만의 속도로 걷는 사람만이 가질 수 있는 단단하고 고요한 자부심이 깃들어 있을 뿐이다.

직함이 아닌
'이름'으로 만나는 진짜 사람들

우리는 이제 계급장이 사라지고, 오직 이름 그 자체로 서로를 마주하는 세상을 살고 있다. 사회적 지위라는 가짜 권위가 아니라, 그 사람이 가진 이름 석 자와 그 이름 뒤에 쌓인 삶의 태도, 그리고 그가 묵묵히 만들어낸 이야기가 진짜 실력이 되는 시대다. 권위는 명함의 직함에서 나오는 것이 아니라, 그 사람이 내뱉는 문장의 진정성과 타인을 대하는 품성에서 나온다는 것을 나는 이제 안다.

내가 앞으로 만나고 싶고 함께 걷고 싶은 사람들도 변했다. 화려한 성공을 전시하듯 자랑하며 우월감을 뽐내는 사람들이 아니라, 자기 이름을 걸고 정직하게 자기 길을 가는 진짜 사람들이다. 그들은 타인을 자신의 성과를 위한 수단으로 이용하려 하지 않는다. 대신 서로의 개성과 오리지널리티를 존중하며, 계급장을 뗀 채로 편안하고 깊은 대화를 나눈다. 내가 '대표'라는 무겁고 뻣뻣한 갑옷을 벗었기에 비로소 그들의 진심 어린 목소리가 투명하게 들리기 시작했다.

우리는 서로의 직함이 아니라 서로의 '품성'에 끌려 연결된다. 일산에서 같이 칼국수를 먹으며 나의 약점을 스스럼없이 공유하고, 그 안에서 위로와 통찰을 얻는 관계. 화려한 네트워킹 파티나 목적 있는 비즈니스 모임에서는 결코 느낄 수 없었던 그 맑은 울림과 정직한 연결이 나를 다시 살게 한다. 가짜 권위가 사라진 자리에 비로소 진짜 인간적인 아우라가 깃들기 시작한 것이다.

내가 행복해야 주변도 행복해진다

세상은 무섭게 변하고 인공지능이 우리 자리를 위협한다고들 한다. 이럴 때일수록 우리는 더욱 깊게 나 자신에게 집중해야 한다. 내가 진짜 잘하는 건 무엇인지, 누구의 간섭도 받지 않고 즐겁게 할 수 있는 일은 무엇인지 계속 묻고 답해야 한다. 외부의 소음이 커질수록 내면의 주파수를 선명하게 맞추는 작업이 필요하다. 그것은 고립이 아니라, 나라는 존재를 가장 단단하게 세우는 기초 공사다.

나만의 기준을 세우는 것은 결코 이기적인 선택이 아니다. 오히려 내가 진짜 좋아하는 것에 집중하고 나답게 우뚝 서게 되면, 억지로 애쓰지 않아도 주변의 공기가 변하기 시작한다. 내가 내 인생의 주인으로 살며 마음의 평온을 찾을 때, 내 가족과 주변 사람들도 그 행복한 분위기 안에서 함께 안심하고 숨을 쉰다. 내가 불안하면 주변도 불안의 전염병에 시달리지만, 내가 단단해지면 주변도 평온의 중력을 갖게 된다.

1002번의 버스에서 느꼈던 해방감, 일산의 칼국수 집에서 마주한 소박한 기쁨, 그리고 정읍의 시골길 위에서 되찾은 호흡. 내가 찾은 이 평화는 결국 나의 소중한 사람들에게로 흘러가 그들을 다시 웃게 만들었다. 다큐 감독님이 나에게 해준 "편안해 보인다"는 말은, 내 리브랜딩이 나를 넘어 타인에게도 긍정적인 파동을 전하고 있다는 가장 확실한 증거였다. 나의 리브랜딩은 그렇게 '나'를 찾는 것에서 시작해, 내 곁의 사람들을 함께 행복하게 만드는 것으로 완성되었다.

리브랜딩의 완성: 이제 진짜 내 경기가 시작됩니다

2부의 여정을 마무리하며, 불안함에 멈추지 못하고 여전히 달려가는 당신에게 이 말을 건네고 싶다.

"남의 눈치가 아니라 당신이 진짜 좋아하는 본질에 집중할 때, 당신의 세상은 비로소 흔들리지 않는 단단한 중심을 갖기 시작합니다."

리브랜딩은 나를 멋지게 포장하는 기술이 아니라, 나를 속이던 수많은 가짜들과 작별하는 정직한 고백이다. 이 결심은 세상이 아무리 변하고 트렌드가 소용돌이쳐도 쉽게 무너지지 않는다. 시간이 흐를수록 나만의 색깔은 퇴적층처럼 더 깊고 단단해질 뿐이다.

자, 이제 당신의 차례다. 명함도, 직함도, 당신을 수식하던 모든 허상을 다 뺀다면 당신은 당신을 무엇이라 부를 것인가? 당신은 무엇을 잘하며, 어떤 세상을 꿈꾸는 사람인가? 당신의 진짜 이름은 무엇인가?

당신이 진짜 당신다운 사람이 되기로 마음먹는 순간, 당신을 짓누르던 모든 책임은 무거운 짐이 아니라 가벼운 축복으로 변한다. 당신의 내면이 단단해질수록 당신의 행복은 주변으로 번져나가 모두를 살리는 따뜻한 빛이 될 것이다. 당신의 이름 석 자만으로도 세상은 이미 당신을 환대할 충분한 준비가 되어 있다.

직함 없는 '존재 선언문' 만들기: "나는 ~를 잘하고, ~를 꿈꾸는 사람입니다"라는 형식으로 당신만의 자기소개를 만들어 보세요. 직함이나 회사의 이름이 없어도 당신의 가치가 선명하게 드러나는 단 한 문장을 완성해 보는 것입니다.

내 이름으로 불리기 연습: 오늘 누군가를 만날 때 당신의 직급이나 연차를 내세우는 대신, 요즘 당신이 깊게 몰입하고 있는 일이나 당신이 진심으로 돕고 싶은 사람들에 대해 먼저 이야기해 보세요. 상대방의 표정이 어떻게 부드럽게 풀리는지 관찰하는 것이 진짜 나로 사는 첫걸음입니다.

3부

플레이어
Player

구경꾼처럼
살지 않기 위해

내 인생의 구경꾼으로 살기를 멈추는 법

분명 내가 직접 만든 무대였고, 내가 주인공인 연극이었다. 지역에서 이름만 대면 알 만한 회사의 대표로서 화려한 조명을 받고 있던 어느 날, 나는 소름 끼치는 소외감을 느꼈다. 겉으로는 확신에 찬 목소리로 비전을 발표하고 사람들의 박수를 받았지만, 정작 내 마음속의 나는 무대 위가 아니라 객석 맨 뒷줄에 앉아 나 자신의 연기를 무심하게 구경하고 있었다. 나는 내 인생을 직접 뛰는 '플레이어'가 아니라, '유능한 대표'라는 배역을 연기하는 나를 지켜보는 한 명의 '관객'으로 살고 있었던 것이다.

이건 마치 회사에서 내 프로젝트인데도 상사의 눈치만 보느라 내 의견은 하나도 담지 못한 채, 마치 남의 일을 대신해 주는 기분으로 일할 때 느끼는 공허함과 비슷하다. 무대 위의 나는 바빠 보였지만, 무대 아래의 나는 지독하게 외로웠다. 내 인생인데도 내 손으로 핸들을 쥐고 있다는 느낌이 전혀 들지 않았다.

알맹이 없는 상자를 지키느라 쏟아부은 헛된 에너지

가수 이찬혁의 노래 〈Vivid Lala Love〉에는 '도둑 든 상자를 찾는 꼴이었다네'라는 가사가 있다. 상자 속에 보물이 가득할 거라 믿고 필사적으로 지켜왔는데, 막상 열어보니 알맹이는 이미 누군가 훔쳐가고 텅 비어버린 상태를 말한다. 나의 지난 시절이 딱 그랬다. 각종 상장과 화려한 실적, 남들의 부러움이라는 '껍데기 상자'를 지키기 위해 내 모든 에너지를 쏟아부었다. 그게 내 인생을 구원해 줄 보물인 줄 알았기 때문이다.

하지만 모든 걸 내려놓고 다시 열어 본 상자는 비어 있었다. 그 안에는 내가 기대했던 평온함도, 단단한 자존감도 없었다. 나는 이미 오래전에 도둑맞아 사라진 가짜 성공을 지키느라, 정작 '지금 이 순간'을 즐겨야 할 내 권리는 내팽개치고 살았던 셈이다.

남들에겐 시간 낭비,
나에겐 주권을 되찾는 '재생 버튼'

하지만 그 허망함을 인정하고 나자, 오히려 새로운 힘이 생겼다. 상자가 비어있다는 걸 확인했으니, 이제 더 이상 남들의 시선을 신경 쓰느라 껍데기를 지킬 필요가 없어진 것이다. 이제 나는 너무 스트레스가 몰려올 때 예전처럼 나를 사지로 내모는 대신, 과감히 '정지' 버튼을 누른다. 아무 생각 없이 침대에 누워 나 자신을 완전히 방전 상태로 두거나, 어린아이처럼 게임에 푹 빠져보기도 한다. 남들이 보기엔 시간 낭비일지 몰라도, 나에게는 내 인생의 재생 버튼을 내 마음대로 누르는 진짜 휴식이다.

옥수수빵 한 입이 가르쳐준
'진짜 웃음'의 가치

최근 하동 여행에서 어느 시골길을 지나다 구수한 냄새에 홀린 듯 발걸음을 멈춘 적이 있다. 어느 낡은 가게에서 파는 옥수수빵이었다. 냄새가 너무 좋아서 잔뜩 기대를 하고 샀다. 요즘 유행하는 세련된 빵집 맛에 길들여진 우리 입맛에는 조금 심심하고 투박하게 느껴질 수도 있겠지만, 나는 평소에도 그런 소박한 맛을 즐기는 편이라 기꺼이 지갑을 열었다. 그런데 차에 돌아와 그 빵을 한 입 크게 베어 문 순간, 같이 여행을 간 여자친구와 나도 모르게 웃음이 터져 나왔다.

그냥 그렇게 한참을 계속 웃었다. 그 시간이 너무나 소중하고 재미있었다. 우리가 기대했던 맛과는 전혀 달랐기 때문일까, 아니면 그 상황 자체가 주는 여유 때문이었을까. '옥수수빵 하나로 이렇게 환하게 웃어본 게 얼마 만인가' 싶어 마음이 뭉클했다. 세상에 치여 살 때는 그저 유튜브를 보며 억지로 짓는 '피식' 하는 짧은 웃음이 전부였는데, 일상에서 이렇게 가슴이 활짝 펴지는 진짜 웃음을 만난 건 정말 오랜만이었다.

그 순간 내가 느낀 건 단순히 빵 맛이 아니라, '내가 원해서, 내가 멈춰 서서, 내가 선택한 맛'이라는 선명한 기분이었다. 알고리즘이 추천해 준 맛집도 아니고, 남들이 인증샷을 찍는 핫플레이스도 아니었지만, 그 밋밋한 옥수수빵 하나가 수백 명의 박수보다 훨씬 더 나를 행복하게 채워주었다.

검색창 뒤에 숨어 '실패 없는 인생'만 연기하고 있지는 않은가

가만히 생각해보면, 요즘 우리는 스스로 얼마나 많은 의사 결정을 하며 살고 있을까. 밥집 하나를 가더라도 네이버, 유튜브, 인스타그램을 뒤져 남들이 이미 검증한 곳만을 찾아낸다. 리뷰를 꼼꼼히 읽으며 단 한 번의 실패도 허용하지 않으려는 듯 더 신중하고 치밀해진다. 마치 나쁜 경험은 절대 하면 안 되는 것마냥 우리 사회는 점점 그렇게 변해가고 있다. 과연 우리는 식당 하나라도 그냥 지나가는 길에 눈길이 닿아 덜컥 들어가 본 경험이 언제였을까.

정답을 맞히는 기계가 아닌, 이야기를 만드는 주인공이 되는 법

인공지능AI이 모든 정답을 알려주는 시대에 우리가 진짜 가져야 할 실력은 '정답을 맞히는 능력'이 아니다. 그건 기계가 훨씬 잘하기 때문이다. 우리가 회복해야 할 것은 직접 실패하고 돌아가더라도 나만의 이야기를 만들어가는 '주인공의 감각'이다. 남들이 짜놓은 판에서 구경꾼처럼 박수나 치는 삶은 이제 그만두기로 했다. 조금 투박하고 느리더라도 내가 직접 공을 차고, 내가 직접 땀 흘리며 채워 넣는 진짜 나만의 경기를 시작한다.

인생의 주인으로 사는 법은 박수받는 화려한 무대 위가 아니라, 내가 직접 선택한 평범한 길 위에서 배울 수 있다. 수억 원의 계약서보다 내 아침 기분과 오늘 먹고 싶은 빵 하나를 내 의지로 결정하는 것이 내 마음을 더 단단하게 만든다. 남이 준 성적표가 아닌, 당신 스스로가 즐거운 인생의 재미를 찾아라. 가짜 보물 상자를 지키느라 고생했던 에너지를 이제야 온전히 당신 자신을 위해 쓸 수 있게 된 것을 축하한다.

내 인생의 '관객 모드' 해제하기 : 오늘 하루, 남들이 좋다고 해서 무심코 따라 했던 행동이 무엇인지 찾아보자. 그리고 남들에겐 쓸데없어 보일지라도 오직 '나'만 즐거운 행동 하나를 직접 선택해 보자.

비어있는 상자 인정하기 : 당신이 지금까지 지키려 애썼던 '남들의 인정'이나 '과거의 영광'이 혹시 속이 텅 빈 상자는 아니었는지 들여다보자. 그리고 오늘, 그 상자 안에 담고 싶은 '나만의 소박한 보물'을 하나 결정해 보자.

비어있는 상자 인정하기 : 당신이 지키려 애쓰는 '타인의 인정'이나 '과거의 영광'이라는 상자를 머릿속에서 열어보세요. 만약 그 안이 비어있다면, 당신은 이제 무엇으로 그 상자를 채우고 싶나요? 그 첫 번째 알맹이를 오늘 결정해 보세요.

내가 선택하지 않으면 결국 누군가에게 선택당한다

알고리즘이 추천하는 '정답'에 내 인생을 맡기지 마라

세상은 언제나 우리에게 '가장 효율적인 길'을 추천한다. 어느 길로 가야 출근 시간이 가장 짧은지, 오늘 점심은 어느 식당의 별점이 높은지, 남들은 재테크를 어떻게 해서 수익을 내는지 알고리즘은 망설임 없이 정답을 내놓는다. 하지만 지난 광야에서의 시간은 나에게 전혀 다른 진리를 가르쳐주었다. 인생의 진짜 맛은 알고리즘이 추천하는 매끄러운 '정답'이 아니라, 내가 직접 고르고 부딪히며 만들어낸 '투박한 오답’ 속에 있다는 사실이다. 내가 스스로 선택하지 않으면, 세상이라는 거대한 기계가 나를 부속품으로 선택해버린다는 서늘한 진실을 이제야 온몸으로 이해한다.

‘성공 방정식’이라는 기계의 부속품으로 살았던 시간들

과거 대표 시절의 나는 겉으로 보기에 누구보다 주도적인 리더였다. 하지만 솔직히 고백하자면, 그때의 나는 내 인생의 주인이 아니라 ‘성공 방정식’이라는 사회적 알고리즘에 반응하는 정밀한 부품에 가까웠다. “지금은 이 사업을 해야 한다”, “대표라면 이 정도 규모는 유지해야 한다”, “남들에게 뒤처지지 않으려면 이 모임엔 꼭 나가야 한다”는 세상의 목소리가 내 삶을 조종하는 보이지 않는 리모컨이었다.

당시 나는 너도나도 달려가는 AI 관련 사업에 뛰어들었다. 시대의 흐름을 놓치면 금방이라도 낙오될 것 같다는 공포, 그리고 그것이 지금 시장이 원하는 ‘정답’이라는 유혹을 거절할 용기가 없었기 때문이다. 하지만 그 옷은 처음부터 나에게 맞지 않았다. 내 철학과 맞지 않는 사업을 이끄는 하루하루는 마치 남의 인생을 대신 사는 듯한 지독한 위화감의 연속이었다. 내가 공을 차는 것이 아니라, 사방에서 날아오는 공에 몸을 맞고 있는 셈이었다.

지독하게 비효율적인 선택이 주는 해방감

이제 나는 남들이 보기엔 지독하게 비효율적이고 생산성 없어 보이는 일들을 가장 먼저 선택한다. 며칠 동안 아무런 계획도 없이 침대와 한 몸이 되어 가만히 누워 있거나, 갑자기 어릴 적 향수가 그리워 무작정 PC방으로 향해 몇 시간을 보내는 일은 예전의 나였다면 상상도 못 할 '금기'였다. 하지만 지금의 나에게 이 비효율은 살아있는 주권의 증거다. 아무것도 하지 않을 권리, 오직 내 재미만을 위해 시간을 쓸 수 있는 권리. 인공지능은 결코 선택할 수 없는 이 '목적 없는 즐거움'이야말로 인간을 기계와 구분 짓는 가장 값진 가치가 된다.

여기서 중요한 깨달음을 얻었다. 모든 정답을 AI가 내놓는 시대에 인간의 경쟁력은 '정답을 맞히는 것'이 아니라, '기꺼이 오답을 선택하고 그 과정을 즐기는 이야기'에 있다는 점이다. 기계는 최단 거리를 계산하지만, 사람은 기꺼이 골목길을 헤매며 그 안에서 발견하는 찰나의 영감을 수집한다. 당장의 수익이 날지조차 불투명한 이 책의 문장들을 새벽까지 고치고 또 고치는 일 역시 마찬가지다.

AI가 넘볼 수 없는 나만의 '사람 냄새' 나는 데이터

기계가 쓴 글은 매끄럽지만 그 안에 담긴 깊은 진심이나 온기를 느끼기는 어렵다. 하지만 내가 직접 선택한 오답, 그 시행착오 속에서 쌓이는 구체적인 감각이야말로 대체 불가능한 '나만의 데이터'가 된다. 고통스럽게 고민하고, 때로는 눈물 흘리며 적어 내려간 문장들에는 기계가 흉내 낼 수 없는 사람의 숨결과 삶의 흔적이 묻어난다. 사람들은 완벽한 정답이 아니라, 나와 닮은 누군가가 고민 끝에 내놓은 그 '사람 냄새' 나는 이야기에 마음을 연다.

이런 마음가짐은 일Work을 대하는 태도도 완전히 바꾸어놓았다. 이제 나는 돈이나 명예라는 외부의 채점표를 치워버리고, 오직 나의 '시각'과 '재미'를 기준으로 경기를 뛴다. 최근 나는 한 마케팅 대행사의 임원직을 단 6개월 만에 내려놓았다. 누군가는 그 화려한 직함과 안정적인 고수입을 아까워하며 의아해했지만, 나는 내가 그곳에서 배우고자 했던 목표를 달성하자마자 미련 없이 문을 열고 나왔다. 나에게 직함은 나를 정의하는 수단이 아니라, 내가 더 넓은 세상을 보기 위해 잠시 빌려 쓰는 도구일 뿐이기 때문이다.

거절은 삶의 주권을 지키는
가장 강력한 무기다

인생의 주권은 '무엇을 하느냐'만큼이나 '무엇을 하지 않느냐'를 결정할 때 완성된다. 최근 나는 "급한 건인데 오늘 미팅 가능한가요?"라는 갑작스러운 제안에 "죄송합니다. 오늘은 제가 쉬는 날이라 어렵습니다"라고 가볍게 웃으며 거절했다. 예전 같으면 미안함과 불안함에 어떻게든 시간을 쪼개 나갔겠지만, 이제는 나 자신과의 약속을 타인의 요청보다 우선순위에 둔다.

거절은 단순히 기회를 포기하는 것이 아니라, 더 소중한 '나만의 시간'을 지켜내는 적극적인 공격이다. 내가 용기 있게 거절한 그 무수한 시간들이 모여 나만의 단단한 '기준'을 만든다. 내가 선택하지 않으면 세상이 나를 선택해 버린다는 사실을 깨달은 사람만이, 자신의 시간을 온전히 자신의 것으로 지켜낼 수 있다.

수험생의 삶을 끝내고
출제자의 삶을 시작하다

AI는 매끄러운 정답을 내놓지만, 플레이어는 투박한 질문을 던진다. 나는 이제 세상이 내민 답안지를 채우는 수험생이기를 멈췄다. 나는 내 인생의 문제를 직접 출제하고, 내가 직접 고른 비효율적인 우회로 속에서 진짜 행복을 발견하는 출제자가 되었다. 이 지독하게 비효율적인 선택들이 모여, 그 어떤 인공지능도 흉내 낼 수 없는 나만의 '비싼 서사'를 완성해간다. 세상이 정해준 길이 아닌, 내가 만든 오답들로 채워진 이 길이 비로소 나의 진짜 인생이다.

스스로 선택하지 않은 시간은 타인의 욕망과 세상의 소음이 순식간에 채워버린다. 세상이 추천하는 '효율적인 정답'에 내 영혼을 억지로 맞추지 마라. 때로는 지독하게 비효율적인 선택을 하고, 때로는 달콤해 보이는 유혹을 단호하게 거절하라. 거절은 단순히 포기하는 것이 아니라, 내 삶의 주권을 세상 앞에 당당히 선포하는 가장 고귀한 의식이다.

오늘 단 하나의 '아니오'를 선택하기: 남들의 시선이나 관성 때문에 마지못해 수락하려 했던 제안이나 부탁 중 하나를 정중히 거절해 보자. 그리고 그 비워진 시간을 오직 나만을 위한 '생산성 없는 즐거움'으로 채워보자.

나의 '비싼 비효율' 리스트 만들기: 남들이 보기엔 시간 낭비처럼 보이지만, 나에게는 큰 만족을 주는 행위 3가지를 적어보자. 그 시간을 보낼 때만큼은 효율의 잣대를 완전히 치우고 주권자로서의 전율을 느껴보자

자존감은 아주 사소한 약속을 지키는 힘에서 나온다

우리는 흔히 자존감이 '마음먹기'에 달렸다고 생각한다. 거울을 보며 "나는 소중하다"라고 주문을 외우거나, 근거 없는 긍정의 문구로 스스로를 다독이면 무너진 자존감이 마법처럼 회복될 거라 믿는다. 하지만 이런 식의 자존감은 외부의 작은 충격에도 쉽게 부서지는 모래성과 같다.

지난 시간, 내가 삶의 경기장에서 직접 몸으로 부딪히며 깨달은 진실은 전혀 다르다. 자존감은 실체 없는 자기최면이 아니라, 내가 나 자신과 맺은 아주 사소하고 투박한 약속들을 지켜냈을 때 비로소 주어지는 '정당한 보상'이다. 그것은 화려한 말로 지어 올린 성벽이 아니라, 매일의 정직한 발걸음으로 꾹꾹 눌러 다진 단단한 땅이다.

수억 원의 계약서보다 단단한
'기특한 나'의 발견

과거 대표 시절, 나는 수억 원의 계약을 따냈을 때 세상을 다 가진 듯한 성취감을 느끼곤 했다. 화려한 조명 아래서 축배를 들고 사람들의 찬사에 파묻히는 그 순간은 분명 짜릿했다. 하지만 그 기쁨의 유통기한은 지독하리만치 짧았다. 타인의 인정에 기반한 성취는 신기루와 같아서, 다음 날 더 큰 숫자를 가져오지 못하면 금세 불안과 공허함으로 변질되었기 때문이다. 그것은 내면을 채우는 단단한 근육이 아니라, 남들에게 보이기 위해 껍데기만 부풀린 거품에 불과했다. 타인의 박수가 멈추는 순간, 나의 가치도 함께 멈춰버리는 위태로운 삶이었다.

하지만 지금의 나는 전혀 다른 종류의 묵직한 충만함을 느낀다. 2025년 초, 나는 거창한 사업 지표 대신 지극히 평범한 일상의 약속들을 나 자신과 맺었다. "아침 7시에 눈을 뜨기", "미팅 때문이 아니라 오직 나를 위해 밥을 천천히 챙겨 먹기", "일주일에 한 번은 아무런 목적 없이 카페 가기".

남들이 보기엔 숨 쉬는 것만큼이나 당연하고 사소한 일이었지만, 나에게 이 약속들을 지켜내는 것은 내 삶의 주권을 회복하는 핵심 프로젝트였다. "5분만 더…" 하며 알람을 미루고 싶은 유혹을 이기고 7시에 몸을 일으킬 때, 밥알의 질감을 느끼며 천천히 식사할 때, 내 안에서는 작지만 강렬한 승리감이 샘솟았다. 이 반복되는 루틴을 완수할 때마다 내 안의 나는 나에게 속삭였다. "와, 나라는 사람 정말 기특한 것 같아." 자존감은 큰 성공을 거두어야만 생기는 게 아니었다. 누구도 보지 않는 곳에서 나 자신과 맺은 사소한 약속 하나를 지켜내는 것만으로도, 나의 뇌는 '신뢰'라는 세상 무엇보다 값진 보상을 보내왔다.

상상을 현실로 만드는 '차곡차곡 쌓인 시간의 힘'

이런 작은 약속들이 하루하루 쌓여 단단해지자, 나를 향한 신뢰는 현실의 문을 두드리기 시작했다. "이제 나는 내가 무슨 일을 하든 스스로를 믿을 수 있겠다"라는 확신이 들자, 예전에는 능력이 부족하다는 핑계로 미뤄왔던 상상들이 실제 프로젝트로 구현되기 시작했다.

나만의 관점으로 소상공인 생태계를 담아내는 인스타그램 채널 '팩터종언'을 성공적으로 안착시킨 것도, 창업 분야의 대표 강사로 콜로소Coloso에서 지식과 경험을 나누기 시작한 것도 모두 이 '자신에 대한 신뢰'에서 비롯되었다. 또한 현장에서 꼭 필요하다고 느꼈던 SaaS 서비스형 소프트웨어 개발에 과감히 뛰어들고, 청년들을 위한 새로운 교육 공간을 직접 기획하고 운영하게 된 것 역시 마찬가지다. 지금 당신이 읽고 있는 이 책의 문장을 써 내려가는 지루하고 고단한 작업 역시, 매일 작은 약속들을 지켜내며 쌓아온 '지구력'이 있었기에 가능했다.

이 모든 성취는 화려한 매출이나 타고난 천재성에서 온 것이 아니다. 내가 해보고 싶었던 사소한 일들, 나만의 작은 욕망들을 내 의지로 하나하나 실행에 옮겼을 때 그 조각들이 켜켜이 쌓여 만들어진 나만의 단단한 역사였다. 플레이어는 거창한 미래만을 설계하는 몽상가가 아니다. 오늘 아침의 사소한 약속을 지켜냄으로써 내일의 나를 신뢰하게 만들고, 그 신뢰를 바탕으로 상상했던 모든 판을 직접 설계해내는 정직한 실천가다. 작은 승리들이 모여 거대한 확신이라는 지층을 만드는 것이다.

인공지능은 결코 알 수 없는 '치맥의 전율'

인공지능AI은 세상의 모든 정보를 취합해 가장 세련된 사업 계획서를 써줄 수 있고, 가장 효율적인 성공 루트를 연산할 수 있다. 하지만 AI는 아침 7시에 무거운 몸을 이끌고 일어났을 때 느끼는 그 묘한 승리감을 결코 알지 못한다. 자신이 직접 선택한 카페에 앉아 첫 문장을 적었을 때의 떨림과, 세상의 유혹을 거절하고 지켜낸 나만의 시간 속에서 길러진 단단한 자아의 무게를 계산할 수 없다.

그리고 솔직히 묻고 싶다. "너는 퇴근하고 먹는 야식, 그 바삭한 치킨과 시원한 맥주 한 잔을 넘길 때의 그 짜릿한 기분을 알아?"라고 말이다. 기계가 내놓는 매끄러운 정답은 '저렴'하다. 거기엔 인간의 고통도, 망설임도, 약속을 지키기 위한 처절한 사투가 없기 때문이다.

반면, 플레이어가 사소한 선택을 통해 쌓아 올린 자존감은 '비싸다'. 그것은 대체 불가능한 나만의 '시간'과 '서사'가 담긴 고유한 가치이기 때문이다. 나는 이제 타인이 채점하는 성적표에 내 가치를 맡기지 않는다. 대신 내가 설계하고 내가 끝내 지켜낸 이 '일상의 승리'에서 진짜 자존감의 뿌리를 내린다.

내가 나를 믿기 시작할 때, 인생이라는 경기의 주도권은 온전히 나의 손으로 돌아온다. 그때부터 당신의 상상은 더 이상 허무한 꿈이 아닌 '현실의 예고편'이 된다. 당신의 보폭이 지금 당장 아무리 작아 보여도 괜찮다. 그 보폭이 온전히 당신의 의지로 내딛는 것이라면, 당신은 이미 그 누구보다 강력하고 독보적인 플레이어다.

자존감은 당신의 능력을 증명하는 화려한 무대 위가 아니라, 당신의 정직함을 증명하는 지극히 사적인 자리에서 태어난다. 수억 원의 계약서보다 당신의 아침 루틴을 스스로 지켜내는 결단이 때로는 당신의 존재를 더 위대하게 만든다. 인공지능이 주는 매끄러운 정답에 당신의 영혼을 팔지 마라. 당신이 당신과의 약속을 지키기 시작할 때, 세상은 비로소 당신의 보폭에 맞춰 걷기 시작할 것이다.

나를 '기특하게' 만드는 단 하나의 약속 완수하기: 오늘 딱 10분만, 세상의 알림을 끄고 당신이 진짜 하고 싶었던 일책 읽기, 명상, 혹은 그냥 멍하니 있기 등에 몰입해 보자. 그리고 그 약속을 지킨 당신 자신에게 "기특하다"고 진심으로 한마디 건네보자. 이 사소한 한마디가 자존감이라는 근육을 만드는 첫 번째 자극이 된다.

나만의 '작은 승리' 기록하기: 최근 당신이 자신과 했던 약속 중 지켜낸 사소한 것 하나를 떠올려 보자. 그것이 당신의 다음 도전에 어떤 심리적 밑거름이 되었는지 가만히 되새겨 보자. 당신의 중력은 외부의 박수가 아니라, 당신이 쌓아 올린 이 작은 기억들로부터 시작된다.

감정이라는 날씨에 휘둘리지 않는 나만의 집

기분은 매일 변하는 날씨와 같다. 아침에 눈 떴을 때는 화창했는데, 출근길 지하철에서 기분 나쁜 문자를 보거나 상사에게 한 소리 듣고 나면 순식간에 마음속엔 먹구름이 낀다. 취준생이라면 아침부터 날아온 '불합격 통보' 하나에 하루 종일 거센 폭풍우 속에 갇힌 기분이 들 때도 있을 것이다. 당장이라도 인생이라는 배가 뒤집힐 것처럼 마음이 요동친다.

과거의 나는 이 변덕스러운 기분이라는 날씨에 우산 하나 없이 서 있는 사람이었다. 날씨가 나쁘면 내 하루는 여지없이 망가졌고, 기분이 안 좋으면 그날은 그냥 '망한 날'이었다. 밖에서 불어오는 바람에 내 기분이 결정되니, 내 인생의 핸들을 내가 잡고 있다는 느낌이 전혀 없었다.

하지만 이제는 깨달았다. 비바람이 세게 분다고 해서 바다 자체가 사라지지는 않는다. 베테랑 항해사는 파도가 높다고 해서 배를 버리지 않는다. 대신 '아, 오늘은 파도가 좀 높네'라고 덤덤하게 인정하고, 돛을 조절하며 묵묵히 제 갈 길을 간다. 비가 오고 바람이 부는 건 자연스러운 현상일 뿐, 그것이 내가 어디로 가야 할지까지 결정할 수는 없기 때문이다. 나는 이제 거친 비바람 속에서도 길을 잃지 않는 법을 배웠다. 기분에 휘둘리던 시절에는 상상도 못 할 평온함과 단단함이 생겼다.

나를 억지로 갈아 넣으며 '나'를 잃어버렸던 시간들

대표 시절의 나는 '거절'이라는 말을 아예 잊고 사는 사람 같았다. 대표니까 당연히 모든 것을 책임져야 한다는 부담감 때문에 나 스스로를 끊임없이 괴롭혔다. 내 생각과 맞지 않아 하기 싫은 일도 '회사가 커지려면 해야지'라는 생각에 억지로 떠안았고, 몸이 부서질 것 같은 피로 속에서도 가기 싫은 모임에 얼굴을 비췄다.

특히 아는 사람의 부탁을 거절하지 못해 내 소중한 시간을 공짜로 써야 했던 일들이 나를 가장 힘들게 했다. 남들에게 좋은 소리를 듣는 대신, 나는 나의 소중한 새벽 시간을 팔아 치웠다. 새벽 3, 4시까지 노트북 앞에 앉아 뻑뻑해진 눈을 비비던 날들은 나에게 자부심이 아니라 '내 마음이 망가지고 있다'는 위험 신호였다.

이건 비단 리더만의 문제가 아니다. 취준생들은 '지금 놀면 안 된다, 연애도 사치다'라는 강박에 시달리고, 직장인들은 불안함 때문에 퇴근 후에도 억지로 커뮤니티 모임에 나가거나 서브 프로젝트에 매달린다. 그러다 보니 정작 자신의 감정을 돌볼 여유를 스스로 뺏어 버린다. 불안한 마음이 먹구름처럼 몰려올 때조차, 우리는 그 마음을 달래줄 단 5분의 여유도 자신에게 허락하지 않는다. 남들에게 괜찮아 보이려고 연기하는 동안 내 마음은 거친 비바람에 깎여나가는 돌처럼 서서히 마모되어 갔다.

'메이플스토리'라는 게임이 가르쳐준 진짜 휴식의 의미

지금의 나는 감정의 파도에 쉽게 휩쓸리지 않는다. 마음의 날씨가 흐려진다 싶으면, 나는 주저 없이 나만의 '마음 보호 장치'를 켠다. 예전에는 한심한 시간 낭비로만 보였던 게임

하기나 웹툰 보기가 이제는 내 인생의 재생 버튼을 누르는 소중한 의식이 되었다.

여기서 가장 큰 변화는, 단순히 괴로움을 잊으려고 도망치는 게 아니라 이 시간들을 '내가 진짜 재미있어서' 스스로 선택했다는 사실이다. 과거에는 게임을 하면서도 누군가 나를 혼낼 것 같은 불안함이 들었지만, 지금은 이 짧은 휴식이 나를 맑게 씻어주는 순간임을 잘 안다.

불안했던 시절에는 1시간의 게임이 죄악처럼 느껴질 수 있다. 하지만 감정이 요동칠 때 내가 좋아하는 '메이플스토리'의 세계에 푹 빠져들면, 마음의 폭풍은 잦아들고 날씨는 다시 맑아진다. 이것은 책임을 피하는 게 아니라, 과부하가 걸린 내 마음의 엔진을 식히기 위한 현명한 결정이다. 기계도 열을 식혀야 다시 잘 돌아가듯, 사람도 계획적으로 쉬어줘야 다시 힘차게 뛸 수 있다.

'도살장' 같던 월요일과 '장비 점검' 같은 복귀

예전에도 휴가는 가고 잠은 잤다. 하지만 마음은 늘 지옥이었다. 침대에 누워 있어도 '내일 회사 가면 상사가 또 뭐라 하겠지?', '월요일이 영원히 오지 않았으면 좋겠다' 같은 걱정들이 머릿속을 떠나지 않았다. 쉬는 게 쉬는 게 아니었다. 그때 나에게 출근길은 도살장에 끌려가는 소처럼 억지로 몸을 움직여야 하는 고통스러운 시간이었다.

하지만 지금은 다르다. 잠깐의 휴식 후에 다시 노트북을 펼치는 기분이 정말 상쾌하다. 이제 나는 '안 되면 말지 뭐'라는 가벼운 마음으로 내가 하고 싶은 일을 선택하기 때문이다. 1시간 신나게 게임을 하고 돌아와도 내 인생은 망가지지 않는다. 오히려 '자, 이제 다시 해볼까?' 하는 깨끗한 에너지가 솟구친다. 내가 내 시간의 버튼을 직접 누를 수 있게 되니, 휴식은 도망이 아니라 더 잘 뛰기 위한 '장비 점검' 시간이 되었다.

숫자가 두려운 성적표가 아닌, 즐거운 게임이 되는 순간

현재 내가 하고 있는 '팩터종언'이나 'SaaS 개발'은 과거에 내가 하던 일들과는 뿌리가 다르다. 이제는 당장 얼마를 버느냐나 남들이 나를 얼마나 치켜세워주느냐가 중요하지 않다. 오직 '내가 진짜 하고 싶은가, 내 스타일로 가장 잘할 수 있는가'가 유일한 기준이다.

나는 복잡한 숫자들이 딱딱 들어맞으며 질서를 찾아가는

과정을 좋아한다. 지금의 일들은 내가 조절할 수 있는 범위 안에 있고, 마치 정교한 시뮬레이션 게임을 하듯 데이터 위에서 수를 두는 즐거움을 준다. 데이터는 이제 나를 평가하는 차가운 성적표가 아니라, 내 전략이 맞았는지 확인해주는 가장 정직한 거울이자 재미있는 이야기가 되었다.

스펙 점수나 자격증 숫자 때문에 괴로워하는 취준생들에게도 이 말을 해주고 싶다. 숫자의 주인이 되어 그것을 게임으로 바라볼 때, 감정은 더 이상 장애물이 아니라 경기에 더 몰입하게 만드는 좋은 연료가 된다.

성공의 열기를 식히고 '나다움'을 묻는 힘

회사를 나오고 나서 세웠던 계획들이 생각보다 더 잘 이뤄지며 큰 성취감을 느끼고 있는 요즘, 나는 오히려 일부러 이 기쁜 마음을 차갑게 식힌다. 성공했다는 기분에 취해서 다시 과거처럼 '몸집 키우기'라는 독배를 마시지 않기 위해서다. 너무 기분이 들떠 있어도 판단력이 흐려질 수 있기 때문이다.

나는 성공을 그저 "내가 올바른 방향으로 가고 있구나"라는 정보로만 남겨두고, 다시 겸손하게 앞을 본다. 그리고 나 자신에게 묻는다.

"나답게 살려면 이제 무엇을 더 깎아내고 비워야 할까?"

이 질문은 내가 다시 세속적인 욕심에 흔들릴 때마다 나를 꽉 잡아주는 단단한 닻이 된다. 덩치를 키우는 것보다 나라는 사람의 깊이를 더하는 것. 이 명확한 기준이 있기에 나는 오늘도 남들의 시선에 흔들리지 않고 평온하게 내 경기를 운영한다. 감정의 비바람은 예고 없이 또 찾아오겠지만, 이제 나는 그 날씨에 상관없이 나만의 단단한 항로 위에서 내 이야기를 가장 정직하게 써 내려간다.

감정은 당신이 통제할 수 없는 외부의 기후다. 하지만 그 날씨에 온몸이 젖게 내버려 둘지, 아니면 '플레이어'라는 튼튼한 배의 키를 잡고 항해를 지속할지는 오직 당신의 선택에 달려 있다. 남의 부탁을 거절하지 못해 당신의 소중한 시간을 헐값에 팔아치우지 마라. 특히 취업이나 이직이라는 거친 비를 맞고 있다면, 잠시 게임 한 판이나 웹툰 한 편으로 마음의 열을 식혀도 괜찮다. "어떻게 더 커질까"가 아니라 "어떻게 더 나다워질까"를 스스로에게 물을 때, 당신은 비로소 인생의 주인이 된다.

마음 리셋을 위한 '전용 정비소' 정하기: 스트레스가 차오를 때, 아무런 죄책감 없이 푹 빠질 수 있는 행동 하나를 정해 보자. 예: 메이플스토리 1시간, 좋아하는 웹툰 보기 그것을 단순히 시간 낭비라고 생각하지 말고 '나를 다시 충전하는 정비 시간'이라고 불러보자.

'거절'로 내 마음의 벽 세우기: 이번 주, 당신의 기운을 빼앗지만 '미안해서' 혹은 '불안해서' 억지로 하고 있는 일 하나를 골라 정중하게 거절해 보자. 그 비워진 시간에 나만의 공간에서 마음의 밀도를 높여 보자. 거절은 남을 미워하는 게 아니라, 당신의 인생을 사랑하는 방법이다.

무작정 애쓰는 삶에서
결과가 나오는 설계로

우리는 성실함을 최고의 미덕으로 배우며 자랐다. 남들보다 늦게 자고 일찍 일어나는 것, 코피를 쏟을 정도로 자신을 몰아붙이는 것을 성공하기 위해 당연히 거쳐야 할 통과 의례로 여겼다. 나 역시 그렇게 믿고 달렸다. 바쁘게 움직이지 않으면 도태될 것 같다는 공포가 나를 끊임없이 채찍질했다. 하지만 지난 10년 동안 비즈니스라는 치열한 경기장에서 내가 배운 가장 서늘한 교훈은 하나였다. 방향 없이 무작정 열심히만 하는 것은, 결국 나 자신을 가장 효과적이고 빠르게 망가뜨리는 '지능적인 자기 착취'에 불과하다는 사실이다. 진짜 선수는 단순히 몸을 바삐 움직이며 애쓰는 사람이 아니라, 결과가 나올 수밖에 없는 환경을 꼼꼼하게 설계하는 사람이어야 한다.

성실이라는 마취제가 가린 위험한 질주

과거의 나는 성실함이라는 마취제에 취해 있었다. 일이 생각만큼 잘 풀리지 않거나 괜한 불안이 엄습할 때면, 나는 그 불안함을 정면으로 마주하는 대신 '더 많은 노동' 속으로 비겁하게 도망쳤다. 몸이 고달프면 마음의 걱정이 잠시 잊혔기 때문이다. 당시의 나에게 성실함은 무능함을 가리기 위한 가장 그럴싸한 변명이자, 스스로를 위로하는 마약이었다. 내가 이만큼 고생하고 있으니 언젠가는 보상받을 것이라는 막연한 기대가 나를 눈멀게 했다.

가장 기억에 남는 뼈아픈 에피소드가 있다. 수억 원 규모의 정부 용역을 따내기 위해 며칠 밤을 꼬박 새워 수백 페이지의 문서를 완성했던 적이 있다. 눈이 짓물리고 손가락이 마비될 정도로 혼신의 힘을 다해 정말 '성실하게' 일했다. 당시 나는 그 고통스러운 노동의 시간 자체가 곧 나의 실력이자 진정성이라고 굳게 믿었다. 하지만 결과는 참담했다. 모든 에너지를 쏟아부어 문서를 마친 뒤에야, 우리 기업이 해당 공고의 가장 기초적인 자격 사항조차 부합하지 않는다는 사실을 발견했기 때문이다. 혹은 기껏 다 만든 제안서를 마감 시한이 단 몇 분 지났다는 이유로 제출조차 하지 못한 적도 있었다.

이것은 단순한 실수가 아니라, '구조'와 '조건'을 먼저 살피는 설계의 근육이 없었기에 발생한 비극이었다. 나는 열심히 하고 있다는 가짜 안도감에 빠져, 정작 결과가 나올 수밖에 없는 환경을 체크해야 하는 주권자의 역할을 방기했다. 엔진 오일이 다 타버린 차를 타고 액셀러레이터를 끝까지 밟으며 비명을 지르고 있었던 셈이다. 내가 멈추면 모든 것이 무너질 것이라는 공포가 나를 성실한 노예로 만들었다는 사실을, 그 허망한 골인 지점에 도착해서야 깨달았다. 방향 없는 속도는 결국 나 자신을 깎아먹는 날카로운 칼날이 될 뿐이었다.

외형의 확장보다 강력한 '본질적 설계'의 미학

광야로 나온 지금, 나는 노력에 대한 정의를 완전히 바꿨다. 과거의 내가 어떻게든 매출을 빠르게 늘리고, 직원 수를 늘려 덩치를 키우는 '보여지는 확장'에 모든 에너지를 쏟았다면, 이제 나의 노력은 무언가를 더 많이 하는 덧셈이 아니다. 대신 불필요한 것들을 정교하게 깎아내는 뺄셈에 집중한다. 겉으로 화려하게 보여지는 숫자가 나를 지켜주는 것이 아니라, 보이지 않는 곳에서 단단하게 다져진 본질이 나를 지탱한다는 사실을 알았기 때문이다.

현재 진행 중인 'SaaS 개발'이나 '팩터종언' 프로젝트를 대하는 나의 태도는 과거와 완전히 다르다. 이제 나는 "이게 얼마나 많이 팔릴까?" 혹은 "남들에게 얼마나 화려하게 보일까?"를 먼저 묻지 않는다. 대신 "이것을 진짜로 사용할 사람들이 꼭 필요로 하는 서비스인가?"를 집요하게 연구한다. 화려한 디자인이나 매끄러운 홍보 문구를 고민하기보다, 이 서비스가 어떤 논리로 굴러가야 하는지, 사용자의 가장 깊은 가려운 곳을 어떻게 시원하게 긁어줄 것인지 그 '핵심'을 설계하는 데 사유의 에너지를 쏟는다.

과거에는 빠르게 결과물을 내놓는 '속도'에만 집착했다면, 지금은 '이게 왜 세상에 존재해야 하는가'라는 존재의 이유를 더 깊게 고민하고 연구한다. 기계가 1초 만에 뽑아낼 수 있는 정보가 아니라, 오직 인간 플레이어만이 통과할 수 있는 깊은 통찰의 길을 설계하는 것, 그리고 내가 직접 모든 것을 손으로 만지지 않아도 시스템이 스스로 돌아가게 만드는 것. 그것이 플레이어가 가질 수 있는 진짜 실력이자 대체 불가능한 아우라다. 한 번의 정교한 설계는 수백 시간의 단순

노동보다 훨씬 더 강력한 파동을 만들어낸다.

에너지를 지키는 기술,
'적극적인 거절'과 '깎아내기'

시스템 설계의 핵심은 내 에너지가 엉뚱한 곳으로 새어나가지 않도록 통로를 단단히 막는 것이다. 에너지는 한정된 자원이며, 이를 어디에 배분하느냐가 승패를 결정한다. 이를 위해 나는 이른바 '사회적 의리'나 '관성'이라는 이름으로 행해지던 수많은 가짜 일거리들을 과감히 깎아냈다. 예전에는 지인이 신제품이 나왔다며 요청하면 굳이 필요 없어도 의리상 사주곤 했고, 명절이나 추석 때면 수백 명에게 의무적으로 인사를 보내며 내 인맥의 온도를 유지하려 애썼다. 굳이 잘 보이기 위해 사람을 우선 만나고 보던 행위들, 언젠가 도움이 될 것 같은 막연한 예감에 나갔던 수많은 자리들이 사실은 내 설계의 정밀함을 방해하던 거대한 노이즈였다.

이제 나는 그런 불확실한 기대에 내 소중한 시간을 양도하지 않는다. 본질과 상관없는 문서를 작성하는 일이나 큰 의미 없는 형식적인 미팅에 나가는 일을 단호히 멈췄다. 명절 인사를 대폭 줄이고 굳이 필요 없는 부탁을 거절했을 때, 주변에서는 내가 변했다고 수군거리거나 섭섭함을 표할지도 모른다. 하지만 나는 그 과정에서 형언할 수 없는 희열을 느꼈다. 그것은 단순히 소외되는 것이 아니라, 내가 진짜 해야 할 일에 집중할 수 있는 '압도적인 시간의 주권'을 회복했다는 승리 선언이었다. 불필요한 것들을 깎아내면 깎아낼수록, 내가 정말 집중해야 할 소상공인 생태계와 콘텐츠의 본질은 더욱 선명하고 날카롭게 드러났다. 거절은 타인을 향한 거부가 아니라, 나 자신을 향한 가장 적극적인 승인이었다.

플레이어의 주권, 스스로 동기부여하는 의지의 설계

그렇다면 '무작정 열심히 하는 사람'과 '결과가 나오게 설계하는 사람'의 결정적인 차이는 무엇일까. 그것은 바로 주체적인 생각과 내부에서 솟구치는 강력한 의지다. 무작정 열심히 하는 사람은 외부의 명령이나 시장의 유행, 혹은 타인의 기대라는 관성에 반응Reaction하며 끌려가지만, 설계하는 사람은 "내가 이 일을 왜 하는가?"라는 본질적인 질문을 던지며 스스로 엔진을 가동한다.

무엇보다 중요한 것은 스스로 안에서 솟구치는 강력한 내부 동기부여다. 남이 시켜서 하는 일, 혹은 남들에게 뒤처지지 않기 위해 억지로 하는 일에는 설계가 깃들 자리가 없다.

오직 내가 진짜 하고 싶다는 강력한 의지가 있을 때만, 인간은 비효율을 과감히 걷어내고 결과가 나올 수밖에 없는 정교한 판을 짤 수 있다. 스스로를 납득시키지 못한 채 움직이는 성실함은 결국 바닥을 드러내기 마련이다.

플레이어는 더 이상 경기장을 무작정 뛰어다니며 체력을 낭비하지 않는다. 대신 자신이 이 일을 해야 하는 이유를 명확히 하고, 그 의지를 바탕으로 경기장의 지형 자체를 바꾼다. 나다움을 지키면서도 압도적인 결과를 내는 유일한 방법은, 내가 없어도 결과가 나오는 구조를 만드는 엔지니어가 되는 것이다. 나는 이제 내 인생이라는 경기의 출제자로서, 결과가 나올 수밖에 없는 완벽한 문제를 설계한다. 설계된 삶에서 노력은 피 말리는 고통이 아니라, 내가 짠 판이 제대로 작동하는 것을 확인하는 즐거운 검증 과정이 된다.

당신이 지금 지쳐 있다면 그것은 당신이 무능해서가 아니라, 시스템 없이 오직 열정이라는 마른 수건을 짜내며 버티고 있기 때문이다. 무작정 열심히 하는 것은 때로 본질적인 문제를 마주하기 싫어하는 비겁한 도피일 수 있다. 지금 당장 하던 일을 멈추고 당신의 삶을 설계하라. 무엇을 더 할지 고민하지 말고, 무엇을 깎아내야 결과가 나올지 질문하라. 당신 안의 강력한 '하고 싶다'는 의지가 엔진이 될 때, 성공은 당신의 설계 끝에 도착할 당연한 전리품이 된다.

'기초'부터 다시 점검하기: 지금 당신이 밤을 새우며 하고 있는 일이, 혹시 기초적인 구조나 조건을 확인하지 않은 채 무작정 달리고 있는 것은 아닌지 냉정하게 체크해 보자. 10시간의 눈먼 노동보다 1시간의 냉철한 설계가 당신을 더 멀리 데려다준다.

불필요한 '인사치레' 깎아내기: 의무감 때문에 보내던 명절 인사 리스트를 줄여보거나, 눈치 때문에 수락했던 부탁을 정중히 거절해 보자. 비워진 그 자리에 '이 일을 진짜 사람들이 필요로 하는가'라는 본질적인 고민을 채워 넣어야 한다. 깎아낸 시간의 합이 곧 당신의 주권이다.

숫자는 나를 가두는 창살이 아니라 정직한 거울이다

많은 사람이 숫자를 두려워한다. 통장에 찍힌 잔액, 이번 달 매출 지표, 혹은 SNS의 팔로워 숫자 같은 것들이 나를 평가하고 심판하는 엄격한 성적표처럼 느껴지기 때문이다. 나 역시 그랬다. 나에게 숫자는 오랫동안 나를 가두는 차가운 감옥의 창살이었다. 숫자가 높으면 잠시 안도하고, 숫자가 떨어지면 내가 무능한 사람이 된 것 같아 깊은 우울에 빠졌다. 하지만 이제 나는 숫자를 전혀 다른 시각으로 바라본다. 숫자는 나를 공격하는 무기가 아니라, 내 현재 위치를 가장 정직하게 알려주는 따뜻한 거울이다.

나를 옥죄던 '사람'이라는 숫자의 창살

대표로 지내던 시절, 나를 가장 고통스럽게 가두었던 창살은 아이러니하게도 내가 그토록 아꼈던 '사람들의 숫자'였다. 늘어가는 팀원들의 수, 우리 플랫폼을 좋아해 주는 크리에이터와 고객들의 숫자는 나에게 든든한 지원군이 아니라 반드시 책임져야만 하는 무거운 짐이었다. 숫자가 커질수록 그들을 실망시키면 안 된다는 강박이 나를 짓눌렀고, 그만두고 싶어도 그 숫자들에 발목이 잡혀 한 발자국도 움직이지 못했다. 사람의 숫자가 곧 나의 계급장이자 동시에 나를 결박하는 무거운 쇠사슬이 된 셈이다.

당시의 나에게 숫자는 행복의 척도가 아니었다. 오직 내가 얼마나 유능한지, 얼마나 많은 책임을 짊어질 수 있는지를 차갑게 증명하라고 다그치는 냉혹한 감시관이었다. 남들과 비교할 때 그 창살은 더욱 견고해졌다. "옆 회사는 투자를 얼마 받았다더라", "누구는 매출이 몇 억이라더라"는 소식은 내 성적표를 한없이 초라하게 만들었다. 숫자는 내가 얼마나 행복한지 물어봐 주지 않았다. 오직 내가 얼마나 유능한지만을 숫자로 증명하라고 다그쳤다. 그 결과 나는 숫자를 통해 나를 돌보기보다는, 숫자를 더 크게 불려 남들에게 과시하는 데 모든 에너지를 썼다. 껍데기만 화려한 숫자를 지키느라 정작 내 마음의 여유가 바닥나고 있다는 사실은 그 어디에도 기록되지 않았다. 숫자가 커질수록 나는 더 깊은 감옥에 갇히는 기분이었고, 그 안에서 나는 서서히 질식해가고 있었다.

부족한 숫자가 아닌, 정제된 밀도의 발견

광야로 나와 홀로서기를 시작한 지금, 나에게 숫자는 더 이상 공포의 대상이 아니다. 한스 로슬링의 책 《팩트풀니스》를 읽으며 나는 중요한 깨달음을 얻었다. 우리가 세상을 오해하고 불안해하는 이유는 막연한 '느낌'에 의존하기 때문이다. 느낌은 비관적이고 왜곡되기 쉽지만, 데이터는 냉정하고 정직하다.

숫자를 똑바로 직시하는 것은 낯선 길 위에서 현재 내 위치를 알려주는 GPS 좌표를 확인하는 것과 같다. 내가 지금 목적지에서 한참 떨어진 황무지에 서 있다는 사실을 부정하거나 지도를 외면한다고 해서 목적지에 저절로 가까워지지는 않는다. 오히려 그 숫자를 정직한 거울처럼 받아들이는 순간, 지금 당장 속도를 줄여야 할지 아니면 우회로를 찾아야 할지 결정하는 진짜 '전략'이 시작된다. 데이터는 나를 길

186

잃은 사람이라고 비난하는 것이 아니라, 내가 가고 싶은 곳에 도착하기 위해 지금 무엇을 수정해야 하는지를 알려주는 가장 다정한 이정표가 된다. 이 냉정한 숫자를 수용할 때, 비로소 막연한 희망 고문이 아닌 이성적인 확신이 싹튼다.

최근 팩터에서 진행한 프로젝트에서 나는 이 진실을 몸소 체험했다. 원래 20명 모집을 목표로 삼았지만, 최종적으로는 12명이 모였다. 예전 같으면 목표치에 미달했다는 사실에만 매몰되어 "실패했다"라며 감정적으로 무너졌을 숫자다. 하지만 데이터를 거울삼아 그 속을 들여다보니 전혀 다른 진실이 보였다. 숫자가 줄어든 자리에 남은 것은 '농축된 진심'이었다. 20명의 평범한 관심보다 12명의 뜨거운 몰입이 만들어내는 에너지는 훨씬 강력했다. 인원이 적었기에 한 명 한 명의 목소리에 더 깊게 귀 기울일 수 있었고, 실제 장사 프로젝트의 성과는 기대치를 훨씬 상회했다.

이것은 단기적으로는 목표 달성 실패처럼 보일지 모르나, 장기적으로는 서비스의 본질을 더 단단하게 다지는 귀한 도약의 시간이었다. 숫자가 적다는 것은 실패의 증거가 아니라, 우리가 가야 할 방향이 더 선명해졌다는 '정제된 확신'을 선물해주었다. 숫자가 보여주는 행간을 읽기 시작하자, 표면적인 수치 뒤에 숨은 강력한 성장의 씨앗이 보이기 시작했다. 나는 이제 숫자의 양이 아니라 숫자의 밀도를 본다. 양적인 팽창이 가렸던 질적인 본질을 숫자를 통해 확인했을 때, 플레이어로서의 내 시야는 한층 더 예리해졌다.

나침반이 된 진심 어린 댓글과 DM들

숫자를 바라보는 시각이 바뀌자 내가 관리하는 지표의 성격도 변하기 시작했다. 한때는 팔로워를 늘리기 위해 '아는 척'하는 콘텐츠를 만들며 외형적인 숫자에만 집착했다. 그것이 시장에서 선택받는 유일한 길이라 믿었기 때문이다. 하지만 리브랜딩 이후 나는 더 깊고 진실한 이야기를 담기 시작했다. 당장 팔로워 숫자가 느는 속도는 눈에 띄게 줄었을지 모르지만, 그 자리를 채우는 것은 "너무 공감된다", "정말 필요했다", "감사하다"라는 진심 어린 댓글과 DM들이었다.

이제 나에게 안도감을 주는 숫자는 팔로워 총합이라는 껍데기가 아니라, 느리지만 천천히 쌓여가는 고객들의 두터운 신뢰도다. 영화 〈F1〉에서 사고 후 복귀한 소니 헤이스가 "설령 내 마지막이 저 자동차를 모는 일일지라도, 나는 그 삶을 주저 없이 수천 번이라도 선택하겠어"라고 말했을 때 느꼈던 그 전율이 내 안에도 흐른다. 나 역시 숫자가 보여주는 결과가 때로는 박할지라도, 내가 이 일을 사랑하고 있으며 본질에 다가가고 있다는 데이터가 확인될 때 지적인 희열을 느낀다. 숫자가 질서를 찾아가는 과정을 즐기는 것은 이제 나에게 하나의 게임이자, 내가 좋아하는 일을 계속해야 하는 이유를 확인시켜 주는 가장 정직한 피드백이다. 이성적인 확신은 숫자가 단순한 기호를 넘어 하나의 서사로 완성될 때 비로소 완성된다.

나만의 시간을 계산하는
주권자의 행복

요즘 내가 가장 소중하게 관리하는 '나만의 숫자'는 매출이나 조회수가 아니다. "다음 달에는 나만의 시간을 며칠이나 더 확보할 수 있을까?"라는 질문 끝에 남는 날짜 및 시간의 숫자다. 누구의 방해도 받지 않고 나를 돌보는 시간, 내가 하고 싶은 비즈니스를 깊게 연구하고 사유하는 시간들. 그 숫자가 늘어날 때 나는 비로소 내가 내 인생의 주인이라는 사실을 실감하며 미소 짓는다. 외부의 박수 소리보다 내 안의 고요한 시간이 늘어나는 숫자가 나에게는 훨씬 더 비싼 가치를 지닌다.

데이터는 이제 나를 압박하는 창살이 아니라, 내 노력이 헛되지 않았음을 증명해 주는 따뜻한 기록이다. 숫자를 통해 감정적 불안을 이성적 확신으로 바꾸는 법을 배운 플레이어에게 숫자는 가장 든든한 조력자다. 숫자는 나를 심판하지 않는다. 다만 내가 더 나은 길로 갈 수 있도록 묵묵히 나침반 역할을 해줄 뿐이다. 나는 이제 숫자의 눈치를 보며 불안해하는 관객이 아니라, 데이터를 부리며 나만의 소중한 시간을 지켜내는 자유로운 플레이어다. 숫자를 거울로 삼아 내 얼굴을 마주하는 용기를 가졌을 때, 나는 비로소 숫자를 넘어서는 존재가 되었다.

표면적인 숫자 너머의 '진짜 밀도' 찾기: 단순히 참여 인원수나 매출 금액이 적다고 실망하지 말자. 그 숫자 안에 담긴 '공감의 깊이'나 '참여자의 몰입도'를 거울삼아 들여다보자. 12명이 20명보다 더 정예화된 결과를 낼 수 있다는 사실을 믿을 때, 당신의 이성적 확신은 단단해진다.

'나만의 시간' 지표 관리하기: 이번 달 달력을 펼치고 오직 당신만을 위해 보낸 날짜가 며칠인지 세어 보자. 다음 달에는 그 숫자를 단 하루라도 늘려보는 것을 목표로 삼자. 남이 정해준 숫자의 노예가 아닌, 내 시간을 누리는 주권자가 되는 것이 플레이어의 가장 중요한 승부수다.

결국 태도가 실력을 이기는 임계점이 온다

우리는 실력이 지배하는 세상에 살고 있다고 믿는다. 더 좋은 학벌, 화려한 자격증, 남들보다 뛰어난 기술적 숙련도가 성공의 절대적인 열쇠라고 생각한다. 나 역시 대표로 지내던 시절, 사람을 뽑거나 파트너를 고를 때 그들의 포트폴리오에 찍힌 숫자에 먼저 눈길을 주었다. 하지만 수천 명의 사람을 만나고 수많은 협상 테이블에 앉아본 뒤 내가 내린 결론은 다르다. 실력은 경기장에 들어오기 위한 '최소한의 입장권'일 뿐, 결국 승리를 확정 짓고 판을 주도하는 것은 눈에 보이지 않는 '태도'라는 에너지다.

정답보다 강력한
'배움의 눈빛'과 'Why'의 힘

언젠가 컨설팅을 진행하며 만난 한 문화예술 피아노 전공 학생이 기억에 남는다. 요즘 같은 디지털 시대에 그 학생은 투박한 수첩을 꺼내 아날로그 방식으로 메모를 채워 나갔다. 내 이야기를 듣는 내내 고개를 끄덕이며 내 눈을 똑바로 쳐다보던 그 눈빛에는 "저를 꼭 키워주십시오"라는 간절함이 서려 있었다. 시키는 미션은 어떻게든 해내려는 그 투박한 성실함을 보며, 나는 오히려 나 자신을 돌아보게 되었다. '나는 지금 저 학생만큼 무엇인가를 위해 간절하게 뛰고 있는가? 나의 태도는 지금 어디를 향하고 있는가?'

태도는 그 사람이 사용하는 언어와 질문의 깊이에서 가장 극명하게 드러난다. 어떤 새로운 아이디어나 의견을 제시했을 때, "그건 이래서 어렵지 않을까요?"라며 비난과 안 되는 이유부터 찾는 사람이 있다. 반면, "그렇게 하면 어떨까요? 그러면 더 좋을 것 같은데요"라고 말하며 어떻게든 같이 해결하려는 긍정적인 언어를 쓰는 사람이 있다.

나는 당시 팀원들에게도 입버릇처럼 물었다. "우리가 왜Why 이 일을 해야 하는지 더 깊게 고민해 봐." 목적 없는 기술은 공허하지만, '왜'라는 질문을 품은 태도는 기술의 한계를 뛰어넘게 만든다. 비난은 누구나 할 수 있다. 하지만 어려운 상황에서도 해결의 실마리를 찾으려는 능동적인 태도는 아무나 가질 수 없는 귀한 실력이다. 실력은 정답을 맞히는 힘이지만, 태도는 정답이 없는 곳에서 길을 만들어내는 힘이기 때문이다.

화려한 경력보다 무서운 '겸손한 베테랑'의 진가

비즈니스 현장에는 이른바 '무례한 천재'들이 넘쳐난다. 과거 내가 임원으로 제안을 받아 잠시 머물렀던 어떤 팀은 화려한 경력을 가진 이들이 모여 있었다. 알리바바나 네이버 계열사 임원 출신들을 영입하며 기세가 대단했고, 그들은 자신들의 아이템에 대한 강력한 확신과 추진력을 가지고 있었다. 하지만 문제는 그들의 태도였다. 그들은 파트너들에게 지독하리만치 무례했고, 다른 이들의 의견을 듣지 않는 고집불통이었다. 토론은 사라졌고 독단적인 결정만 남았다.

나는 그들의 무례한 태도를 보며 그 조직의 미래가 없음을 직감했고, 누구보다 빠르게 그곳을 떠났다. 결과는 참담했다. 그 화려했던 팀은 얼마 지나지 않아 사업을 철회했고, 2025년 말 이후로는 그 어떤 추가 소식도 들리지 않을 만큼 조직이 공중분해 되었다. 무례함은 지능의 증거가 아니라, 타인의 가치를 인정하지 못하는 닫힌 마음의 신호였다. 고집이 강한 전문가는 성장의 문을 스스로 닫아버린다.

반면, 나는 새로운 팀원을 합류시키는 선택지 앞에서 전혀 다른 결정을 내린 적이 있다. 한쪽은 투자 심사역으로 활동할 만큼 화려한 커리어를 가진 경쟁자였고, 다른 한쪽은 경력 8년 차에 창업을 해봤지만 쓴맛을 본 베테랑이었다. 나는 고민 끝에 '망해본 경험이 있는 겸손한 사람'을 선택했다. 그는 실패를 통해 '받아들일 준비'가 되어 있었다.

태도가 바르다는 것은 곧 성장의 문이 열려 있다는 뜻이다. 그는 타인에게 기분 좋은 언어를 쓸 줄 알았고, 자신의 부족함을 인정하며 묵묵히 R&D 업무를 수행해 나갔다. 결국 그 프로젝트는 그의 단단한 태도 덕분에 오래도록 지속될 수 있었다. 망해본 경험이 있는 겸손한 베테랑은 성공만 해본 거만한 전문가보다 훨씬 더 유연하고 강력했다. 실력만 좋은 사람은 무너진 태도를 복구하기 어렵지만, 태도가 바로 서 있는 사람은 부족한 실력을 언제든 채워 넣으며 결국 승리한다.

갑을 관계를 녹이는
'나 스스로를 속이지 않는 최선'

비즈니스를 하다 보면 자연스럽게 갑과 을의 관계가 형성되곤 한다. 때로는 상대방의 모진 말에 상처받고 위축되기도 한다. 과거의 나는 그런 상황을 감정적으로 받아들였다. 기분이 상하면 표정이 굳어졌고, 그 기운은 미팅 분위기를 망쳐 계약이 틀어지게 만들었다. 하지만 지금의 나는 조던 피터슨이 말한 '바닷가재'처럼 어깨를 펴는 법을 배웠다. 억울하거나 힘든 상황에서도 유연하고 능청스럽게 대처한다. "제가 그래도 할 수 있습니다. 어떻게든 해볼게요!"라고 웃으며 답하는 여유가 생겼다.

이 당당함은 근거 없는 자만심이 아니라, 나만의 엄격한 기준에서 나오는 기세다. 나는 늘 스스로에게 다짐한다. "나 스스로에게 거짓말하지 말자. 결과가 어떻든 최선은 다했다는 명제만큼은 뚜렷하게 남기자." 내가 나를 속이지 않을 만큼 최선을 다했다면, 설령 일이 잘 안 풀리더라도 비굴해질 이유가 없다. 안 되면 또 다른 방법이 있다는 믿음이 나를 단단하게 지탱해준다.

상대가 나를 을로 대하려 할 때, 나는 나의 태도로 그 판의 중력을 바꾼다. 미팅 자리에서 상대방의 눈을 피하지 않고 경청하는 자세, 상대가 말할 때 휴대폰을 보지 않는 사소한 예의 하나가 수억 원의 계약서보다 더 강력하게 나의 가치를 증명한다. 경청은 단순히 듣는 행위가 아니라, 내 앞에 있는 사람과 나의 시간을 소중히 여기는 가장 '사랑스러운 태도'다. 스스로를 사랑하고 자신의 시간을 소중히 여기는 사람만이 타인의 시간도 진심으로 존중할 수 있다.

임계점을 돌파하는
플레이어의 뒷심

나는 스스로를 '슬로 스타터'라고 부른다. 한 번에 폭발적인 성과를 내는 천재는 아니다. 2020년 코로나 시기, 나 역시 내가 할 수 있는 것이 기획뿐이라는 사실에 막막함을 느끼기도 했다. 내가 일러스트나 포토샵을 할 줄 아는 것도 아니었고, 개발을 직접 할 수 있는 처지도 아니었기 때문이다. 하지만 나는 남들이 디자인과 개발의 화려함에 집중할 때, 지독하리만치 '고객의 관점' 하나에만 집중했다. "예쁘면 그만이지"라는 안일함을 버리고, 진짜 사람들에게 필요한 기능과 본질이 무엇인지 연구하며 묵묵히 나만의 태도를 지켰다.

무상 컨설팅을 진행하고, 유통 채널을 확대하기 위해 굿즈숍을 운영하고, 플리마켓과 팝업스토어를 기획하며 지역의 문화를 바꾸기 위해 쉼 없이 움직였다. '퍼스트메이트'라는 창업 교육 프로젝트를 통해 진심을 전달하던 시간들이 켜켜이 쌓여갔다. 어느 순간, 세상은 나를 "김종언 대표는 믿을 수 있지"라는 말로 인정하기 시작했다. 묵묵히 지켜온 태도가 실력의 임계점을 뚫고 나를 지역 1등 플랫폼의 수장으로 만들어 놓은 것이다.

태도는 당신의 실력을 세상에 전달하는 가장 정직한 운반체다. 당신의 태도가 임계점을 넘는 순간, 세상은 당신의 실력을 평가하는 일을 멈추고 당신이라는 사람 자체를 환대하기 시작할 것이다. 나는 이제 새로운 목표를 향해 다시 한번 태도의 임계점을 도달하려 한다. 실력은 당신을 문 앞까지 데려가지만, 마지막 문을 여는 열쇠는 결국 당신의 태도다.

비난 대신 '해결의 언어' 사용하기: 오늘 누군가와 대화할 때 "그건 안 돼요"라는 말 대신 "그럼 이렇게 해보는 건 어떨까요?"라는 문장을 의도적으로 써 보자. 언어가 바뀌면 당신을 바라보는 사람들의 공기가 바뀌고, 당신의 기세가 실력을 압도하기 시작한다.

1분간 '경청의 온도' 높이기: 오늘 만나는 사람의 눈을 1분 더 정성스럽게 쳐다보며 경청해 보자. 상대방이 말할 때 휴대폰을 치워두는 그 작은 행동이 당신을 '대체 불가능한 품성'을 가진 플레이어로 만들어 줄 것이다. 당신의 시간을 소중히 여기는 만큼 타인의 시간에도 온기를 불어넣어라.

내 인생을 온전히 책임지고 사랑한다는 선언

우리는 흔히 '책임'이라는 단어를 무겁고 버거운 짐으로 여긴다. 누군가의 기대를 저버리지 않아야 한다는 압박, 잘못되었을 때 비난을 감수해야 한다는 공포가 책임이라는 단어 뒤에 숨어 우리를 위협하기 때문이다. 나 역시 그랬다. 대표 시절의 책임은 내가 만든 성벽을 무너뜨리지 않기 위해 나 자신을 끊임없이 제물로 바치는 '자기 희생'에 가까웠다. 하지만 14개월 전, 그 견고한 성벽을 내 손으로 허물고 광야로 걸어 나온 지금, 내가 정의하는 책임은 전혀 다르다. 이제 나에게 책임은 구속이 아니라, 내 인생의 유일한 저자로서 나만의 이야기를 써 내려갈 수 있는 '가장 고결한 자유'다.

서늘한 공포를 녹인
'유연한 단단함'

광야로 처음 발을 내디뎠을 때, 나를 감싸고 있던 것은 지독하리만치 서늘한 공포였다. 나를 지켜주던 직함도, 사무실도 사라진 자리에서 나는 혼자 모든 비바람을 맞아야 했다. 하지만 14개월이 지난 지금, 그 공포는 어느덧 '단단한 평온함'으로 바뀌어 내 안에 자리 잡았다. 이제 나는 어디에도 쫓기지 않는다. 세상이 정해준 속도가 아니라 나만의 속도를 스스로 조절하며 걷는다.

최근 나는 일반대학원 경영학과에 진학했다. 과거 대표 시절에는 상상도 못 할 선택이다. 그때는 깊이 고민하고 연구할 시간조차 사치였다. 하지만 지금은 학문적인 깊이를 더하고, 그것을 내가 하는 일에 어떻게 적용할지 즐겁게 연구한다. 무엇보다 좋은 것은 '회고'하는 시간을 갖게 되었다는 사실이다. 하루를 돌아보며 놓친 일들을 점검하고 다시 중심을 잡는 그 시간들이 나를 그 어느 때보다 단단하게 만든다.

여기서 내가 배운 진정한 강함은 '유연함'이다. 너무 단단하기만 한 것은 강한 충격에 한 번에 부러지기 쉽다. 하지만 유연한 사람은 어떤 상황에서도 스스로를 수정하며 받아들일 준비가 되어 있다. 나는 이제 부러지지 않는 고집 대신, 언제든 나를 교정하며 나아갈 수 있는 유연한 주권을 선택한다. 어떤 폭풍이 와도 나는 다시 일어설 수 있다는 믿음, 그 유연함이 나의 가장 강력한 기반이 되었다.

PC방의 4전 5기와 카페 앞의 여유

주권자의 삶은 거창한 성공에 있지 않다. 그것은 내가 원하던 아주 사소한 순간을 내 의지로 쟁취할 때 완성된다. 최근 나는 가고 싶었던 PC방을 무려 네 번의 도전 끝에 성공해서 자리를 잡았다. 평소 사람들로 꽉 차 있던 그곳에서 마침내 내 자리를 찾아 앉았을 때, 나는 묘한 승리감을 느꼈다. 남들에겐 고작 게임 한 판의 시작일지 모르지만, 나에게는 내가 원하는 즐거움을 포기하지 않고 끝내 얻어낸 소중한 주권의 장면이었다.

바쁜 시간대에 카페 앞 야외 의자에 앉아 소중한 사람과 커피 한 잔을 마시며 일상적인 대화를 나누는 것, 길거리에서 장난치며 아이처럼 웃고 떠드는 것. 예전의 나였다면 '생산성 없는 짓'이라며 스스로를 검열했을 이 장면들이 이제는 내 인생의 가장 빛나는 데이터가 된다. 주권자는 시간을 쪼개 쓰는 사람이 아니라, 시간을 온전히 누릴 줄 아는 사람이다. 나는 이제 남의 눈치를 보지 않고 내가 행복한 순간에 나 자신을 온전히 던진다. 그 소박한 웃음소리가 바로 내가 광야로 나와 얻은 가장 값진 배당금이다.

과거의 흉터에게 건네는 격려 : "너는 김종언이야"

만약 지금 차가운 길바닥에 쓰러져 있던 과거의 나를 다시 만난다면, 나는 어떤 위로보다 강력한 격려를 건네고 싶다.

"야, 너 진짜 고생하고 있다. 하지만 이거 하나만 기억해. 세상이 너를 어떻게 보든 너는 그냥 '김종언'이야. 너는 그 자체로 대단하고 소중한 존재야. 스스로도 충분히 빛날 수 있는 사람이니, 제발 타인의 빛을 빌려 빛나려고 애쓰지 마."

무엇보다 건강이 제일 중요하다는 사실을, 건강해야 뭐든 할 수 있다는 사실을 그때의 나에게 꼭 말해주고 싶다. 느려도 괜찮다. 결국 끝까지 해내는 그 지독한 끈기 하나는 네가 최고이지 않나. 그 끈기로 너는 결국 네 인생의 주권을 되찾아올 것이다. 과거의 발작과 쓰러짐은 실패가 아니라, 진짜 나를 찾기 위한 처절한 몸부림이었음을 이제는 안다. 나는 이제 나의 흉터를 부끄러워하지 않는다. 그 흉터는 내가 내 인생을 얼마나 뜨겁게 사랑했는지를 증명하는 가장 정직한 기록이기 때문이다.

2025년 계획했던 일들이 쏟아지며 다시 세상의 부름이 커지고 있다. 콜로소 강연, 새로운 교육 공간 운영 등 다시 바빠지는 나날 속에서도 내가 흔들리지 않는 이유는 명확한 '기준'이 있기 때문이다. 나는 앞으로의 5년을 이미 정의했다. 내가 어떤 가치를 가지고 있는지, 돈을 떠나서 내가 정말 좋아하고 재미있어하는 것이 무엇인지에 대한 답을 내 안에 품고 있다. 기준이 서 있는 플레이어는 세상의 소음 속에서도 자신의 심장 소리를 듣는다.

이 책을 읽으며 여전히 자기 인생의 재생 버튼 누르기를 망설이는 당신에게 마지막으로 이 말을 전하고 싶다. 인생은 어쩌면 선택의 연속이고, 생각보다 짧으며, 무엇보다 단 하나뿐이다. 우리는 너무나 오랫동안 타인의 기준에 맞춰 살아왔다. 부를 갖추고 좋은 기업에 들어가는 것이 행복의 필수값이라고 믿으며 자신을 학대해왔다. 하지만 그것은 정답이 아니다.

AI 시대의 불안이 우리를 덮쳐올지라도, 그 불안을 동력 삼아 스스로를 더 깊게 탐구하라. 외부의 정답이 사라진 자리에서 비로소 진짜 '나'를 발견하는 시간이 시작될 것이다.

인생은 남의 문제를 대신 푸는 시험지가 아니라, 내가 직접 공을 차고 결과를 책임지는 나만의 경기장이다. 이제, 당신의 경기를 시작할 차례다.

당신의 인생을 남의 손에 맡기지 마라. 당신의 선택이 가져올 결과가 두려워 결정을 미루는 순간, 당신은 이미 인생의 플레이어가 아닌 관객으로 전락한 것이다. 실패를 두려워하지 마라. 진짜 실패는 아무것도 시도하지 않아 아무런 흉터도 갖지 못한 채 늙어가는 것이다. 당신의 상처를 자랑스럽게 드러내고, 오답을 당당하게 긍정하라. 당신이 인생을 온전히 책임지겠다고 선언하는 순간, 세상은 당신을 무너뜨리는 적이 아니라 서사를 완성해주는 거대한 배경이 될 것이다.

나만의 '유연한 기준' 세우기: 앞으로의 5년 뒤 당신의 모습을 단 한 문장으로 정의해 보세요. 돈이나 직함이 아니라, 당신이 어떤 가치를 지키며 어떤 재미를 느끼고 싶은지에 집중해야 합니다. 그 기준이 당신을 유연하면서도 단단하게 지켜줄 것입니다.

오늘 당장 '비효율적인 기쁨' 만끽하기: 4전 5기 끝에 성공한 PC방 자리처럼, 남들에겐 사소해 보이지만 당신에겐 큰 만족을 주는 행위 하나를 오늘 꼭 실행해 보세요. 그 순간 터져 나오는 웃음이 바로 당신이 인생의 주권을 되찾았다는 가장 확실한 증거입니다.

4부

완성
Destiny

내가 만든 테두리 밖의
세상을 리뷰하다

밖으로 나와 보니, 내가 지키던 성벽은 그저 종잇장이었다

**내가 쌓은 철옹성은 사실
툭 하면 찢어지는 종잇장이었다**

우리는 모두 각자만의 견고한 '성벽'을 쌓으며 산다. 누군 가에게는 그것이 대기업의 사원증이나 번듯한 직장일 수도 있고, 누군가에게는 화려한 SNS 피드나 남들이 부러워할 만 한 전문직의 직함일 수도 있다. 나 역시 그랬다. 프랜차이즈 업계에서 이름을 알리고, 지역 1등 IT 플랫폼을 만들고, 패션 기업의 임원으로 한 도시의 트렌드를 주도하던 그 시간들. 나는 내가 공들여 쌓은 이 성벽이 비바람으로부터 나를 평생 보호해 줄 단단한 철옹성이라 믿어 의심치 않았다. 그 성벽이 높을수록 나의 내일은 더 안전할 것이라 확신했다.

하지만 1년 전, 스스로 그 성벽을 허물고 광야로 나온 뒤 마주한 진실은 지독하리만치 차갑고 고요했다. 내가 그토록 필사적으로 붙들고 있던 성벽은, 사실 바람 한 점에도 툭 하고 찢어지는 '종잇장'처럼 가볍고 얇은 것이었다. 직함이 사라지고 명함이 힘을 잃자, 그 단단해 보이던 성벽은 흔적도 없이 사라졌다. 내가 믿었던 안전은 내가 아닌 '회사'가 만든 신기루였고, 성벽을 떠받치던 기둥들은 타인의 평가라는 약한 모래 위에 서 있었음을 비로소 깨달았다.

성벽 안의 도파민 : 유능함을 연기하던 무대의 끝

성벽 안에 있을 때 나는 내가 정말 대단한 사람인 줄 알았다. 매달 오르는 매출 숫자와 업계 사람들의 박수 소리는 마약처럼 내 뇌를 '도파민'으로 가득 채웠다. "역시 대표님은 다르네요", "역시 김종언입니다"라는 찬사를 들을 때마다 나는 내가 세상의 중심인 것 같은 착각에 빠졌다. 그 쾌감에 취해 더 높은 목표를 향해 나를 채찍질하는 것이 유일한 생존 방식이라 믿었다.

하지만 냉정하게 돌아보니, 그 찬사는 사실 나라는 인간이 아닌 내가 가진 '기능'과 '결정권'을 향한 것이었다. 나는 나를 사랑해서 달린 것이 아니라, 남들에게 비춰지는 '유능한 리더'의 모습을 사수하기 위해 나를 갉아먹고 있었다. 회의실에서, 강단에서, 미팅 자리에서 나는 늘 완벽한 정답만을 내놓아야 한다는 강박에 시달렸다. 나는 나를 지키기 위해 성벽을 쌓았다고 생각했지만, 사실은 내가 나를 가두기 위해 감옥을 짓고 스스로 간수가 되어 나를 감시하고 있었던 셈이다.

껍데기를 다 벗겨낸 뒤에도
나를 설명할 수 있는가

우리는 너무나 많은 '껍데기'를 나 자신이라 믿으며 산다. SNS의 좋아요 숫자, 유명 기업의 소속감, 그리고 좋은 차와 비싼 브랜드의 옷까지. 하지만 이것들은 결국 내가 잠시 입고 있는 외투일 뿐이다. 외투는 계절이 바뀌면 갈아입어야 하고, 유행이 지나면 낡아버린다. 나는 나 자신에게 처절하게 물었다.

"이 모든 껍데기를 다 벗어던졌을 때, 알몸의 나를 무엇이라 설명할 수 있을까?"

만약 직함이나 돈, 소속이 사라졌을 때 나를 설명할 단 한 문장의 말도 남지 않는다면, 나는 그동안 내 인생이 아닌 '연극'을 살아온 것이다. 화려한 포장지를 수집하는 일에 생을 낭비하는 것을 멈춰야 한다. 대신 껍데기를 다 벗고도 나라는 사람의 고유한 향기만으로 사람들의 마음속에 남을 수 있는, 그런 단단한 사람이 되어야 한다. 껍데기는 세월과 함께 낡고 사라지지만, 그 안에서 고통을 견디며 다져진 내면의 단단함은 절대 사라지지 않는 주권자의 데이터가 된다.

AI 시대, 지식은 흔해졌고 경험은 비싸졌다

성벽 밖의 세상은 이제 인공지능AI이 모든 정답을 내놓는 시대로 변했다. 챗GPT에게 물어보면 보고서 작성법부터 성공 전략까지 단 몇 초 만에 완벽한 답을 준다. 지식과 정보가 공기처럼 흔해진 세상에서, 이제 단순히 '정답'을 잘 맞히는 능력은 더 이상 차별화된 무기가 되지 않는다. 누구나 버튼 하나로 최고의 지식에 접근할 수 있기 때문이다.

그렇다면 무엇이 진짜 차이를 만드는가? 바로 당신이 성벽을 허물고 광야에서 겪어낸 '사람 냄새 나는 생생한 경험'이다. AI는 100점짜리 기획서는 써줄 수 있어도, 성벽 밖으로 처음 나왔을 때 느꼈던 그 서늘한 무관심에 대한 공포나, 혼자 남겨졌을 때 마셨던 소주 한 잔의 지독한 쓴맛은 알지 못

한다. 정보는 저렴해졌지만, 한 사람이 몸으로 겪어낸 '서사'
는 그 어느 때보다 비싸졌다. 사람들은 이제 기계의 매끄러
운 정답이 아니라, 상처받고 흔들리면서도 자기 길을 포기하
지 않는 사람의 '사람 냄새 가득한 이야기'에 지갑을 열고 마
음을 연다.

나라는 브랜드의 '신장개업'을 선언하라

성벽을 무너뜨리고 나서야 비로소 나는 진짜 세상을 만났
고, 진짜 나를 직면하기 시작했다. 껍데기가 사라진 자리에
피어난 것은 초라함이 아니라, 그 누구도 침범할 수 없는 나
만의 아우라였다. 이제 당신이라는 위대한 브랜드의 '신장개
업'을 축하할 시간이다. 과거의 명함이나 직함이라는 좁은
틀에 당신을 가두지 마라. 당신은 이미 그 자체로 충분히 가
치 있는 존재다.

취업 준비가 생각만큼 잘 풀리지 않아서, 혹은 회사 생활
이 지옥처럼 괴로워서 스스로를 쓸모없다고 자책하고 있는
가? 절대 그렇지 않다. 지금 당신이 느끼는 그 막막함과 고통
은 장차 당신의 브랜드를 완성할 가장 귀한 원재료가 될 것
이다. 인공지능은 죽었다 깨어나도 줄 수 없는 당신만의 진
솔한 이야기를 시작하라. 당신이 정직하게 자신의 길을 걷기

시작할 때, 세상은 비로소 당신의 이름을 직함이 아닌 '당신 그 자체'로 기억하기 시작할 것이다.

당신을 보호해준다고 믿는 그 화려한 직함이 사실은 당신의 시야를 가두는 벽일지도 모른다. 껍데기를 다 벗겨냈을 때 남는 것이 당신의 진짜 실력이고 진짜 서사다. AI가 모든 답을 주는 시대에 인간이 가져야 할 유일한 무기는 '나만의 이야기'다. 성벽 밖으로 나오는 것을 두려워하지 마라. 그곳은 실패의 낭떠러지가 아니라, 당신이 꿈꾸던 진짜 자유가 시작되는 광활한 대지다.

나의 '가짜 옷' 목록 적어보기: 명함, SNS 팔로워 숫자, 소속 기관 등 외부적인 장식물들을 적어보자. 그리고 그것들을 다 지웠을 때, 마지막까지 남는 '나는 누구인지'에 대한 답을 단 한 문장으로 적어보자.

사람 냄새 나는 기록 시작하기: 세련된 조언이나 뻔한 지식이 아니라, 오늘 내가 느낀 솔직한 불안과 시행착오를 가감 없이 기록해 보자. 그 투박한 진실함이 당신이라는 브랜드의 가장 강력한 마케팅이 될 것이다.

남의 시선을 끄고 나니
비로소 들리는
내 마음의 진짜 목소리

성벽 밖으로 나온 뒤 가장 먼저 달라진 점은 세상이 조용해졌다는 것이다. 예전에는 타인의 시선이나 '이래야 성공한다'는 업계의 소음이 너무 커서 내 마음이 무슨 말을 하는지 들을 틈이 없었다. 24시간 내내 켜져 있던 거대한 스피커를 끄고 나니, 그동안 내가 원했던 것이 사실은 내 것이 아니라 남들의 욕망이었다는 게 보이기 시작했다. 정적이 흐르는 자리에 비로소 진짜 '김종언'의 목소리가 들려왔다. 그 목소리는 아주 작았지만, 그 어떤 박수 소리보다 선명했다.

나의 '쓸모'가 아닌
나의 '하루'를 궁금해하는 사람

성벽 안에서의 인간관계는 차가운 계산기 같았다. 나를 찾는 사람들은 늘 나에게서 무언가를 얻어가려 했다. "요즘 사업은 어때요?", "이것 좀 봐주세요", "좋은 정보 없나요?" 안부 인사조차 결국 비즈니스로 연결되는 징검다리였다. 나라는 사람 자체가 궁금해서가 아니라, 내가 가진 직함과 정보, 그리고 내가 해결해 줄 수 있는 '쓸모'가 그들의 주된 관심사였다. 나 역시 그 기대에 실망을 주고 싶지 않아 늘 유능한 대표의 가면을 쓰고 있었다. 그 가면은 나를 지켜주는 방패였지만, 동시에 나를 진짜 사람들과 멀어지게 만드는 벽이었다.

하지만 성벽 밖에서 만난 사람들은 나에게 전혀 다른 질문을 던진다. "요즘 뭐 하고 살아요?", "어떤 음식을 제일 좋아해요?", "여행은 어디로 가고 싶어요?" 이런 사소하고 인간적인 질문들을 마주할 때마다 나는 낯설면서도 묘한 해방감을 느낀다. 이제 우리는 비즈니스 미팅 대신 함께 게임을 하고, 목적 없는 여행을 떠나며, 카페 야외 의자에 앉아 시시콜콜한 농담을 나눈다.

치열한 전쟁터의 병사가 아니라, 아침 햇살을 받으며 산책하고 커피 한 잔의 온기를 온전히 느끼는 평범한 '나'로 돌아온 기분이다. 이런 대화가 가능하다는 건, 상대방 역시 자신의 내면을 깊게 들여다볼 줄 아는 '플레이어'라는 증거이기도 하다. 시선을 끄니 비로소 '이용가치가 있는 사람'이 아니라 '그냥 같이 있고 싶은 사람'으로 살아갈 자유를 얻었다.

타인의 월요일에서 '진짜 나의 월요일'로

예전의 나에게 월요일은 '공포'였다. 주말에도 쉬지 못하고 일에 매달렸지만, 월요일 아침이면 마치 약속이라도 한 듯 휴대폰 알림이 폭탄처럼 쏟아졌다. 카톡, 이메일, 전화…. 내 시간은 타인의 요구에 따라 갈가리 찢겨 나갔다. 월요일은 내가 주체적으로 시작하는 날이 아니라, 남들이 시키는 일에 허겁지겁 반응해야 하는 '수동적인 시간'의 시작점이었다.

하지만 지금 나의 월요일 아침은 고요하고 평온하다. 알림 소리가 멈춘 자리에는 오직 내가 하고 싶은 연구와 생각들이 놓여 있다. 나는 천천히 오늘 무엇을 할지 스스로 정하고 한 주를 설계한다. 단순히 일이 줄어든 게 아니다. 시간의 주인이 완전히 '나'로 바뀌었다는 게 핵심이다. 저녁 늦게까지 남의 눈치를 보며 자리를 지킬 필요도 없고, 내가 가장 집중할 수 있는 시간에 가장 소중한 일을 배치한다.

이런 선택의 과정에서 나는 내가 내 삶의 진짜 주인이라는 사실을 온몸으로 느낀다. 누구에게 잘 보이려 애쓰지 않고, 오직 나를 위해 시간을 쓰는 하루. 이 선명한 감각은 광야로 나온 플레이어만이 누릴 수 있는 최고의 선물이다. 나는 이제 타인의 스케줄러에 갇힌 죄수가 아니라, 나만의 시간 영토를 다스리는 왕이 되었다.

독성 불안에서 '건강한 긴장감'으로의 변화

14개월 전의 나를 괴롭혔던 건 '나쁜 불안'이었다. "요새 힘들다던데", "잘 안 되나 봐"라는 남들의 평가가 무서웠고, 뒤처질까 봐 전전긍긍했다. 내가 쌓아 올린 껍데기가 무너질까 봐 매일 밤잠을 설쳤던 비겁한 공포였다. 외부의 시선에 내 가치를 맡겼으니 당연한 결과였다.

하지만 지금 내가 느끼는 긴장감은 아주 건강하고 기분 좋은 떨림이다. 이제 나는 타인의 속도와 나를 비교하지 않는다. 대신 "어떻게 하면 더 깊이 있는 사람이 될 수 있을까", "어떻게 하면 어제보다 더 나은 내가 될 수 있을까"를 고민한다. 예전에는 얕은 지식으로 '아는 척' 하며 나를 포장했다면, 이제는 정말 제대로 알고 싶다는 갈망이 나를 움직인다.

배움의 깊이가 깊어질수록 내 안의 중심도 단단해진다. 척하는 삶을 끝내고 본질을 뚫는 '진짜'가 되고 싶다는 열망이 만든 이 긴장감은 나를 지치게 하는 게 아니라 오히려 살아 있게 만든다. 불안이 나를 깎아먹는 칼이었다면, 지금의 긴장감은 나를 더 날카롭게 다듬어주는 숫돌이 되었다. 이 건강한 떨림은 내가 지금 제대로 성장하고 있다는 가장 확실한 신호다.

돈 안 되는 '오답'이 사실은 가장 확실한 '정답'이었다

최근 나는 일반 대학원 경영학과에 들어갔다. 주변에서는 "이제 와서 왜 그런 고생을 하냐", "차라리 인맥 쌓기 좋은 MBA를 가라"며 혀를 찼다. 돈도 안 되고 시간만 버리는 '오답'처럼 보였을 것이다. 하지만 나는 경영의 '경' 자도 모른 채 앞만 보고 달렸던 과거의 빈자리를 채우고 싶었다. 사람을 모으는 화려한 기술보다, 나를 바로 세우는 내실이 더 급하다고 느꼈기 때문이다.

과거에는 어쩔 수 없이 필요한 것만 대충 훑고 지나갔다면, 지금은 왜 이 이론이 나왔는지, 현금 흐름이 왜 중요한지 하나하나 따져가며 깊이 있게 공부한다. 수익과는 상관없는 선택일지 모르지만, 나는 수업 시간마다 무릎을 치며 환호한다. "아, 이래서 그때 그런 일이 생겼던 거구나!" 남들이 오답이라 부르는 이 비효율적인 공부가 나에게는 그 어떤 비즈니스 정보보다 확실한 정답이 되어 돌아오고 있다.

진짜 공부는 남이 떠먹여 주는 정답을 외우는 게 아니라, 나만의 길을 통해 본질에 닿는 과정이다. 나는 대학원 강의실 구석에서 이 사실을 매일 몸소 증명하고 있다. 한계는 남이 정하는 게 아니라 스스로 짓는 것이다. 사람은 무한히 성장할 수 있고, 그 성장의 키는 오직 내가 쥐고 있다. 시선을 끄니 비로소 내가 걸어가야 할 더 넓고 아름다운 세상이 보이기 시작했다. 돈으로 살 수 없는 이 배움의 기쁨이 나를 대체 불가능한 플레이어로 만들고 있다.

비즈니스 안부 대신 '취향' 묻기: 오늘 누군가를 만난다면 일 이야기나 성과 이야기는 잠시 접어두세요. 대신 그 사람이 요즘 무엇에 웃는지, 어떤 소소한 기쁨을 찾았는지 물어보세요. 대화의 온도가 바뀌는 순간, 당신은 주권자로서의 관계를 회복하게 됩니다.

나를 위한 '진짜 공부' 시작하기: 당장 돈이 되지는 않지만, 당신이 예전부터 정말 알고 싶었던 주제를 하나 정해 보세요. AI가 요약해 주는 짧은 정보 대신, 두꺼운 책 한 권을 진득하게 읽거나 관련 현장을 직접 찾아가 보세요. '아는 척'의 껍데기를 벗고 '진짜 이해'를 선택할 때, 당신의 내면은 어떤 폭풍에도 무너지지 않는 튼튼한 집이 됩니다.

딱 5년만 이기적으로 살아라, 우리가 '영원한 아이'가 되기 전에

우리는 지금 내 취향이 진짜 내 것인지, 아니면 스마트폰 알고리즘이 정교하게 골라준 것인지 헷갈리는 기묘한 시대를 살고 있다. 손가락만 몇 번 움직이면 인공지능AI은 내가 좋아할 만한 음식, 사고 싶은 물건, 심지어 내가 어떤 인생을 살아야 성공하는지까지 친절하게 큐레이션해 준다. 이러한 매끄러운 편리함에 길들여지다 보니, 우리는 어느새 스스로 고민하고 결단하는 법을 잊어가고 있다. 나는 이제 우리 자신에게 조금은 발칙한 제안을 하려 한다. 딱 5년만, 지독할 정도로 '이기적으로' 살아보자는 것이다. 이것은 결코 타인에게 피해를 주라는 뜻이 아니다. 나를 조종하는 세상의 시스템으로부터 내 인생의 핸들을 다시 탈환하기 위한, 가장 정직하고도 처절한 독립 선언이다.

거절은 못된 짓이 아니라 나를 지키는 울타리다

내가 말하는 '이기적인 삶'은 책임감 없이 제멋대로 살라는 방종이 아니다. 회사 일을 태만히 하거나 동료에게 내 짐을 떠넘기는 행위는 그저 비겁함일 뿐이다. 하지만 '내 인생의 주인'이라는 주권자의 관점에서 보면 이야기는 전혀 달라진다. 누군가의 무리한 부탁을 정중히 거절하는 것, 남들 눈치 보느라 억지로 모임에 나가지 않는 것, '착한 사람'이라는 가짜 평판을 유지하기 위해 내 마음의 에너지를 깎아 먹지 않는 것. 이것은 이기주의가 아니라 나라는 존재를 온전히 보존하기 위한 최소한의 방어막이자 고귀한 자기 보호다.

우리는 왜 그토록 남의 눈치를 보며 세상이 정해준 규격에 나를 억지로 끼워 맞추려 하는가. 내가 정말 좋아하는 사람을 지극정성으로 챙기는 것과, 단지 미움받기 싫어서 모든 요구에 기계적으로 "예"라고 답하는 것은 본질적으로 다른 문제다. 사실 내가 나를 먼저 단단하게 지켜내어 내면이 충만해질 때, 역설적으로 주변 사람들에게 훨씬 더 건강하고 좋은 에너지를 나누어 줄 수 있다. 내가 행복해야 내 가족도, 내 친구도 진심으로 아낄 수 있기 때문이다. 거절은 기회를 포기하는 것이 아니라, 내 소중한 시간과 사유의 에너지를 '진짜 내가 원하는 본질적인 일'에만 집중하겠다는 용기 있는 주권 행사의 시작이다.

알고리즘이라는 안락한 유모차에서 내릴 시간

가끔 스마트폰이 없던 시절을 떠올려 보라. 그때는 검색창의 도움 없이도 동네 놀이터에 가면 친구들이 있었고, 발길 닿는 대로 들어간 낡은 간판의 식당이 인생 최고의 맛집이 되기도 했다. 예기치 못한 곳에서 마주하는 뜻밖의 발견, 즉 '세렌디피티Serendipity'의 축복이 우리 삶 곳곳에 살아있었다. 하지만 지금은 어떤가. 맛집 하나를 가더라도 알고리즘이 검증한 별점과 후기에 철저히 매달린다. 내가 직접 고른 것 같지만, 실상은 인공지능이 짜놓은 판 위에서 '선택당하는' 삶을 살고 있는 셈이다.

우리는 점점 알고리즘이 만든 네모난 테두리 속에 박제되고 있다. 추천 기능은 우리가 보고 싶은 것만 보여주고, 가고 싶은 곳만 제안하며 우리의 경험과 사고의 지평을 아주 좁게 가두어버린다. 경험은 직접 부딪쳐보며 좋은 점과 싫은 점을 몸소 깨달아야 비로소 진짜 내 것이 된다. 편리함이라는 마취제에 취해 스스로 판단하는 근육을 쓰지 않으면, 우리는 몸만 어른인 채 영영 혼자서는 길을 찾지 못하는 '영원한 아이'로 남게 될 것이다. 그래서 나는 의도적으로 스마트폰의 모든 추천 기능을 꺼버렸다. 조금 불편하고 느리더라도 내 눈으로 직접 세상을 보고 결정하는 것만이, 진짜 어른으로 성장하는 유일한 통로이기 때문이다.

▎향후 5년, 내 인생의 앞자리를 바꾸는 골든타임

왜 하필 5년일까. 요즘처럼 기술과 세상이 광속으로 변하는 시대에 10년은 너무나 영겁의 시간이다. 지금 당장 내리는 1년의 선택이 앞으로의 5년, 나아가 평생의 삶을 결정짓는 거대한 갈림길이 된다. 남의 시선을 신경 쓰느라 사방으로 흩어졌던 나의 에너지를 다시 나에게로 집요하게 모으고, 내 안의 실력을 제대로 다져 '대체 불가능한 아우라'를 만드는 데는 최소한 5년이라는 집약적인 시간이 필요하다.

그동안 우리의 시선은 늘 외부에 머물러 있었다. 남들이 나를 어떻게 평가할까, 남들은 저만큼 앞서가는데 나는 왜 이럴까 고민하며 소중한 사유의 시간을 낭비해 왔다. 이 지독한 관성을 끊어내고 '나만의 시간표'를 만들기 위해, 나는 앞으로의 5년을 기꺼이 나 자신만을 위해 쓰기로 결단했다. 이 5년은 AI가 우리를 완벽하게 보조하거나 혹은 통제하기 전, 인간으로서의 존엄과 나만의 고유한 서사를 확보할 수 있는 마지막 골든타임이다. 지금 당신이 내리는 주권적 선택이 5년 뒤 당신의 인생 풍경을 완전히 다른 차원으로 바꿔놓을 것이다.

진짜 어른이 된다는 것 : 내가 책임지는 '오답'을 선택하는 용기

'영원한 아이'에서 벗어나 내 인생의 진짜 주인이 되기 위한 가장 어른스러운 결정은 무엇인가. 그것은 바로 '편리한 정답 대신, 조금 불편하더라도 내가 직접 내린 선택'을 하는 것이다. 남들이 다 가는 검증된 길, AI가 추천하는 최적의 경로가 아니라, 조금 늦더라도 내가 직접 지도를 그리며 뚜벅뚜벅 걷기로 마음먹는 태도다.

오늘 당장 맛집 검색 없이 발길 닿는 대로 이름 모를 식당에 들어가 보는 것, 검색창에 묻기 전에 내 머릿속으로 먼저 집요하게 질문해 보는 것, 그리고 남들이 비웃더라도 내가 선택한 길을 끝까지 책임지겠다고 다짐하는 것. 이런 작고 투박한 결정들이 층층이 쌓여 당신을 누구도 흉내 낼 수 없는 대체 불가능한 플레이어로 만든다. 어른스러운 결정은 대단한 성공을 거두는 것이 아니다. 오답을 냈을 때조차 "이것은 내가 직접 선택한 경로이니 후회 없다"라고 말하며 그 결과의 무게를 기꺼이 내 어깨에 짊어지는 담백한 태도다. 이제 당신의 5년을 위한 첫 번째 '불편한 발걸음'을 내디뎌라. 그 투박한 발자국이 당신의 진짜 인생을 비로소 시작하게 만들 것이다.

남들의 박수 소리에 귀를 기울이는 동안, 정작 당신의 심장 소리는 작아질 수밖에 없다. 세상이 정해준 '성공의 공식'에서 과감히 탈출하라. 알고리즘의 테두리를 찢고 나와 당신만의 시각으로 세상을 마주하라. 5년이라는 골든타임은 이미 시작되었다. 겉모습이 화려한 사람보다, 자기만의 뚜렷한 생각과 고통의 서사를 가진 사람들과 진짜 대화를 시작하라. 당신을 지키는 이기주의가 결국 당신의 삶을 가장 아름답고 단단하게 꽃피울 것이다.

내비게이션 없이 길 찾아가기: 오늘 하루만큼은 잘 아는 길이나 가고 싶은 목적지를 검색 없이 가보라. 내 오감과 감각에 의지해 골목을 누비며 우연히 마주치는 풍경의 질감을 즐겨보라. 알고리즘이 결코 줄 수 없는 생생한 즐거움이 당신의 진짜 데이터가 된다.

나를 위한 '단호한 거절' 하나 실행하기: 남들에게 착해 보이려고, 혹은 거절이 미안해서 억지로 수락했던 일 하나를 정중하게 거절해 보라. 그리고 그 비워진 시간에 오직 당신의 영혼이 기뻐하는 일을 배치해 보라. 그 단호한 거절 한 번이 당신을 '영원한 아이'에서 '인생의 주인'으로 격상시킬 것이다

2026년, 나는 다시
'신장개업'을 한다

나는 오랫동안 사람들에게 길을 알려주는 창업자이자 가이드였다. 프랜차이즈 시스템을 설계하고, 효율적인 마케팅 전략을 전수하며, 창업 강의를 통해 "이렇게 해야 생존하고, 저렇게 해야 잘 됩니다"라고 수없이 설파해왔다. 하지만 화려한 조명 아래서 강의를 마치고 내려오는 길이면, 마음 한 구석에는 늘 지독한 부채감이 그림자처럼 따라붙었다.

"말은 참 쉽지. 남의 사업을 객관적으로 봐주는 건 더 쉽고. 그런데 진짜 내 모든 것을 걸고 판을 벌리는 건 얼마나 무겁고 서늘한 일일까?"

현업에서 한 발짝 떨어져 안전한 강단 위에서 조언만 하는 내가 과연 진짜 '플레이어'라고 말할 자격이 있는지 스스로 묻고 또 물었다. 아무리 날카롭고 완벽한 이론이라 할지라도 현장의 거친 진흙탕 속에서 증명되지 않는다면, 그것은 결국 종이 위에서만 존재하는 죽은 글자에 불과하다. 훈수를 두는 사람의 언어에는 목숨을 건 사람의 절박함이 담길 수 없다. 그래서 나는 2026년, 다시 '신장개업'을 하기로 했다. 이제는 남의 경기를 구경하며 점수를 매기는 해설자가 아니라, 내 리스크를 온전히 짊어진 진짜 나의 경기를 시작하려 한다. 적어도 말로만 떠드는 사람이 아니라, 자신의 발로 뛰며 몸으로 증명하는 사람으로 살고 싶기 때문이다.

가짜 전문가를 넘어, 리스크를 지는 진짜 플레이어로

컨설팅이나 강의는 혼란스러운 상황 속에서 정답을 찾아내는 일종의 고차원적인 추론이다. 타인의 사업을 제삼자의 시선으로 바라보며 오답을 골라내고 지름길을 제안하는 일은 상대적으로 명쾌하고 질서 정연하다. 하지만 진짜 현장은 정답과 오답이 종잇장 한 장 차이로 뒤섞인 처절한 야생의 영역이다. 이론으로는 도저히 설명할 수 없는 수만 가지 변수가 매일 아침 가게 문을 열 때마다 나를 덮친다.

나는 내가 그동안 목청 높여 말해왔던 그 '장사의 정석'이 이 거칠고 불친절한 세상에서도 정말로 작동하는지, 내 몸으로 직접 부딪치며 증명해보고 싶어졌다. 내가 다시 소상공인 업계로 돌아가려는 이유는 단순히 매출 지표를 올리고 돈을 더 벌기 위해서가 아니다. "정석대로, 본질에 집중하며 원칙을 지키면 반드시 된다"라는 명제를 이 세상에 온몸으로 보여주고 싶기 때문이다. 실패의 위험을 감수하지 않는 조언은 공허하다. 나는 기꺼이 나의 이름과 신용, 그리고 가장 소중한 자산인 시간을 판돈으로 걸고 이 거대한 실험에 참여하려 한다. 내 언어가 힘을 얻는 유일한 방법은 내가 직접 그 길을 걸어 성공의 깃발을 꽂는 것뿐이다.

생존을 위한 창업에서 '깊이'를 위한 신장개업으로

과거 나의 창업이 당장 오늘을 살아가기 위한 처절한 '먹고사는 문제'였다면, 2026년의 신장개업은 나라는 인간의 '깊이'를 증명하는 무대다. 여태껏 해왔던 사업들이 유행의 파도를 타는 겉핥기식 시도였다면, 이제는 아주 작은 톱니바퀴 하나까지 정교하게 맞물려 돌아가는 고도화된 시스템을 만들려 한다. 보이지 않는 곳의 디테일을 잡고, 기본기를 탄

탄히 다져 어떤 외풍에도 흔들리지 않는 뿌리를 내리는 시기가 될 것이다.

단기적인 성과에 일희일비하며 금방 타올랐다 사라지는 프로젝트가 아니라, 시간이 흐를수록 서사가 쌓이고 가치가 더해지는 장기적인 프로젝트를 꿈꾼다. 누군가는 "장사가 뭐 별거냐, 물건 떼다 잘 팔면 그만이지"라고 쉽게 말할지도 모른다. 하지만 나는 세상에서 가장 난이도 높은 예술이 바로 단순해 보이는 장사와 브랜딩이라고 확신한다. 시대의 흐름을 가장 민감하게 읽어내야 하고, 사람의 마음이라는 가장 복잡한 변수를 얻어야 하며, 매일같이 변하는 유행 속에서도 변치 않는 본질을 지켜내야 하기 때문이다. 가장 어려운 시절을 겪고 있는 이 시장에 나는 정면으로 도전장을 던진다. 누구보다 깊은 이해를 바탕으로 영감을 주는 플레이어가 되겠다는 다짐과 함께 말이다.

동물적인 촉보다 더 무서운 것은 '수용하는 여유'다

수많은 실패와 성공을 겪으며 나의 '동물적인 감각촉'도 진화했다. 과거의 나는 눈앞의 이익을 좇는 짧은 시야에 갇혀 있었다. "이거 당장 되겠는데? 일단 지르고 보자!"라는 식의 무모한 도파민이 나를 지배했다면, 지금의 나는 끊임없이 의심하고 과정을 거쳐 다시 설계하는 '시스템적 사고'를 즐긴다. 예전에는 내 아이디어가 부정당할까 봐 불안해했지만, 이제는 내 계획이 틀렸을 가능성을 먼저 열어두고 시작한다.

가장 달라진 점은 피드백을 대하는 나의 태도다. 예전에는 내 자존심이 상할까 봐 타인의 날카로운 지적을 무서워하거나 외면했다. 자존심은 창업가에게 가장 비싸고 쓸모없는 짐이라는 사실을 그때는 몰랐다. 하지만 지금은 그 피드백을 누구보다 빠르게 흡수해 수정에 반영한다. 나의 자존심과 싸우는 일을 멈추니 마음의 여유가 생겼고, 그 여유가 오히려 사업의 속도를 더 빠르게 만든다. "틀리면 어때, 다시 고치면 되지. 그게 진짜 정답으로 가는 가장 빠른 길인데." 이 생각은 나를 무적의 플레이어로 만든다. 자존심을 내려놓고 겸허하게 시장의 목소리를 듣는 것, 그것이 내가 수만 번의 시행착오 끝에 얻은 가장 강력하고도 날카로운 무기다.

두려움은 내 인생의 북극성, 내비게이션이다

사람들은 두려움을 피해야 할 장애물이나 멈춰야 할 신호로 보지만, 나에게 두려움은 목적지까지 나를 안전하게 안내

해주는 '내비게이션'과 같다. 내비게이션에 찍힌 북극성 같은 목적지는 변하지 않지만, 그곳으로 가는 길은 험난한 오르막일 수도 있고 안개 자욱한 비포장도로일 수도 있다. 길을 잘못 들어서면 내비게이션은 짜증을 내는 대신 묵묵히 다시 경로를 재탐색하며 우리를 안내한다. 중요한 것은 '어디로 가고 있는가'라는 방향이지, 그 과정에서 겪는 속도나 우회로가 아니다.

최근 TV 프로그램 '흑백요리사'를 보며 깊은 감명을 받았다. 셰프라는 같은 목적지에 도달한 수많은 고수들이 저마다 전혀 다른 경험의 밀도와 사연을 가지고 있었다. 연봉 1억을 달성한 사람들이 모두 같은 길을 걷지 않은 것과 같다. 최근 한 예능 프로그램에 출연한 수학자의 말처럼, "어쩌면 내가 멀리 돌아온 길일 수도 있겠지만, 나에게는 가장 빠른 길이지 않았을까." 인생도 마찬가지다. 당장 남들보다 빠르게 가는 것만이 정답은 아니다. 깜깜한 두려움 속에서 내비게이션이 가리키는 빛을 보며, 때로는 진흙탕을 구르고 때로는 길을 헤매기도 하는 그 모든 과정이 당신만의 '가장 비싼 서사'를 만든다. 두려움이 느껴진다는 것은 내가 지금 안주하지 않고, 제대로 된 성장의 길을 가고 있다는 가장 확실한 증거다.

완벽을 기다리지 마라,
플레이어는 경기장에서 배운다

완벽하게 준비해서 시작하려는 사람들에게 나는 말하고 싶다. "완벽은 불가능한 환상입니다." 우리는 자기 자신조차 완벽하게 통제하지 못한다. 아침에 일어나기로 한 스스로와의 약속조차 지키기 힘든 것이 연약한 인간이다. 그런데 어떻게 복잡한 사업과 인생을 완벽하게 준비해서 시작할 수 있겠는가. 준비에 너무 많은 공을 들이며 망설이다 보면, 이미 건너야 할 강은 저 멀리 흘러가 버리고 기회는 사라진다. 완벽주의는 실행력을 갉아먹는 가장 달콤한 핑계일 뿐이다.

누구에게나 시간은 공평하게 주어진다. 그 공평한 시간 안에서 차이를 만드는 것은 '얼마나 많은 경험을 해봤는가'이다. 그 경험이 성공의 훈장이든 실패의 흉터든 상관없다. 일단 해보고, 온몸으로 겪어보고, 그 안에서 무엇이 부족했는지 겸허하게 고쳐나가는 과정 자체가 곧 인생이다. 너무 거창하게 준비하려다 시작조차 못 하는 실수를 범하지 마라. 타인의 시선에 갇혀 실패를 두려워하지 마라. 실패하면 어떤가? 다시 일어나면 그만이다. "완벽해야 한다"는 강박이야말로 당신의 잠재력을 가로막는 가장 무책임하고 무거운 족쇄다. 선택은 당신의 자유지만, 플레이어라면 일단 공을 차야만 경기가 시작된다는 진리를 잊지 마라.

2026년의 내 도전은 화려한 성공을 보장해주지 않을지도 모른다. 하지만 나는 내가 선택한 이 두려움을 기꺼이 사랑하고 껴안기로 했다. 입으로만 떠드는 조언자가 아니라, 내 피와 땀을 현장에 흘리며 결과로 증명하는 주권자가 되고 싶기 때문이다. 당신도 혹시 '완벽한 준비'라는 그럴듯한 핑계 뒤에 숨어 있지는 않은가? 두려움이 당신의 문을 두드린다면, 그것은 당신의 엔진을 켜고 출발해야 할 때가 되었다는 신호다. 내비게이션이 가리키는 당신만의 북극성을 믿고, 오늘 당장 당신의 가슴 속 '신장개업'을 선언하라.

나의 '리스크 리스트' 작성하기 : 남의 조언이나 눈치 때문이 아니라, 오직 내가 책임지고 해결해보고 싶은 '나만의 문제'는 무엇인가요? 그것을 해결하기 위해 기꺼이 감수할 리스크 하나를 결정하고 선언해 보세요.

'작은 실패' 시작하기 : 거창하고 완벽한 계획을 짜느라 시간을 버리는 대신, 오늘 당장 실천할 수 있는 가장 작은 실험 하나를 일단 저질러 보세요. 그리고 그 결과에 대해 자책하는 대신 "데이터 확보 완료!"라고 외치며 다음 수정안을 만들어 보세요. 그것이 플레이어의 진짜 공부법입니다.

완벽한 준비란 없다,
플레이어는 일단 저지르며 배운다

우리는 흔히 '준비가 덜 되어서' 시작하지 못한다고 말한다. 내가 부족할까 봐, 혹은 누군가에게 피해를 끼칠까 봐 선뜻 발을 내딛지 못하는 그 망설임을 우리는 '완벽주의'라는 세련된 이름으로 포장하곤 한다. 나 역시 그랬다. 프로젝트를 앞두고 내가 책임질 수 없는 상황이 올까 봐 두려워하며, 어쩌면 책임을 회피하기 위해 '돈을 받지 않는 행위' 뒤로 숨기도 했다. 하지만 광야에서 마주한 진실은 명확했다. 완벽한 준비란 세상에 존재하지 않으며, 진짜 기회는 오직 걷기 시작한 사람에게만 그 모습을 드러낸다는 사실이다.

주변을 둘러보면 "제가 과연 합격할 수 있을까요?"라고 묻느라 애초에 지원조차 하지 않는 취준생과 대표들이 많다. 그들은 시도조차 해보지 않은 길에 대해 스스로 결론을 내리고, 도전하지 않는 자신을 위안하며 안주한다. 하지만 나는 단호하게 말하고 싶다. 가만히 서 있는 사람의 환경적 범위는 0이지만, 걷기 시작한 사람의 범위는 그가 내딛는 발걸음만큼 확장된다는 것을 말이다.

내가 2022년, 일단 '재생 버튼'을 누르고 저질러 보자고 결심한 것이 그 시작이었다. 자신은 없었지만 일단 부딪혔고, 한 기관과 MOU를 맺으며 프로젝트를 시작하자 생각지도 못한 자신감이 붙기 시작했다. 예산은 턱없이 부족했지만 누구보다 책임감 있게 매달렸던 플리마켓 프로젝트는 지역사회에서 큰 반향을 일으켰고, 실적 하나 없던 우리 팀에게 놀라운 변화를 가져다주었다.

6억 원 규모의 공간 위탁을 시작으로 3억, 5억, 8억, 그리고 마침내 10억 원 규모의 프로젝트 수주까지. 이 모든 일이 단 1년 안에 이루어졌다면 믿겠는가. 해보지 않았다면 결코 열리지 않았을 문들이, 일단 저지르고 수습하며 나아가는 과정에서 하나둘 열리기 시작한 것이다. 잠재된 능력을 빛나게 하는 유일한 방법은 스스로를 믿고 실행이라는 버튼을 누르는 것뿐이다. 당신은 생각보다 훨씬 강인하며, 당신 안에는 아직 발견되지 않은 거대한 에너지가 잠들어 있다.

책상 위에서는 절대로 알 수 없는 '진짜 고객'의 얼굴

실행의 가장 큰 보상은 성공이 아니라 '진짜 데이터'를 얻는 것이다. 나는 최근 손익분석 SaaS를 개발하며 이를 뼈저리게 느꼈다. 처음 서비스를 런칭했을 때만 해도 반응은 나쁘지 않았다. 하지만 시간이 지날수록 재방문율은 곤두박질쳤고, 사용자 수는 0에 수렴하기 시작했다. 기획서 상으로는 완벽해 보였던 '손익 계산기'가 실제 현장에서는 무용지물이었던 셈이다.

나는 직접 사장님들을 만나며 그 이유를 찾아냈다. 하루 끝에 몸이 천근만근 무거워진 사장님들에게 일일이 숫자를 입력해야 하는 계산기는 또 하나의 '숙제'일 뿐이었다. 장사하는 사람들에게 시급한 것은 정교한 계산이 아니라 '당장의 매출 증대'였다. 그들은 장기적인 설계를 할 여유조차 없이 하루하루를 치열하게 버텨내고 있었다.

직접 해보기 전까지는 죽어도 깨달을 수 없던 이 배움은 서비스의 방향을 완전히 뒤바꾸어 놓았다. 이제 나는 수동 계산기가 아니라 배달 전문 매장에 특화된 '자동 정산 및 실시간 대시보드'를 설계한다. 고객의 페르소나는 책상 앞의 상상이 아니라, 현장에서 흘리는 땀방울 속에서 비로소 완성되는 것이기 때문이다. 나는 이제 그들보다 더 나은 전문가가 되기 위해 직접 매장을 운영하는 필드 플레이어로서 전장에 참여하기로 했다. 진짜 공부는 정답지에 있지 않고 현장의 진흙탕 속에 있다.

오답의 연대:
완성된 결과보다 투박한 과정이 힘이 세다

요즘 나는 완성된 결과물뿐만 아니라 '준비하는 과정' 그 자체를 콘텐츠로 공유하고 있다. 처음에는 실패한 과정이나 어설픈 모습을 보여주는 것이 낯설고 부끄러웠다. 하지만 놀랍게도 사람들은 나의 화려한 성공담보다, 내가 겪고 있는 고통과 시행착오의 이야기에 더 열광했다. "아, 이 사람도 이런 고민을 하는구나", "이런 면도 있었네"라며 사람들은 나를 '동경의 대상'이 아닌 '연대의 대상'으로 바라보기 시작했다.

완벽하게 짜잔 하고 보여주는 것은 박수를 받을 순 있지만, 마음을 움직이지는 못한다. 조금은 어설퍼도 지금 하고 있는 고생을 솔직하게 꺼내 놓을 때, 사람들은 그 걸어온 길을 이해하며 진심 어린 응원을 보낸다. 이 책 역시 나의 화려한 이면이 아닌, 상처 입고 흔들렸던 감정의 기록들을 담고 있다. 과정을 공유하면 연대가 생기고, 그 연대는 다시 나를 일어서게 하는 강력한 지지대가 된다. 오답 노트는 나 혼자만 푸는 것이 아니라, 함께 읽고 공감하며 더 큰 정답을 찾아가는 소중한 지도가 된다.

함께의 질감 :
고독한 수장에서 즐거운 플레이어로

4부의 여정을 마무리하며 내가 느낀 가장 따뜻한 변화는 '함께'의 가치를 발견한 것이다. 과거의 나는 모든 것을 혼자 짊어져야 한다는 강박에 사로잡힌 고독한 수장이었다. 하지만 지금은 뜻이 맞는 플레이어들과 함께 아이디어를 내고 고민하는 매 순간이 즐겁다. 책임감은 여전히 무겁지만, 그 무게를 함께 나누는 동료가 곁에 있다는 것만으로도 에너지는 예전과 비교할 수 없을 만큼 증폭된다.

우리의 삶도 마찬가지다. 성공한 인생만을 편집해서 보여주는 인스타그램의 가짜 가면을 이제는 벗어 던지자. "나 이거 실패했어”, “나 오늘 정말 안 풀리네”라고 솔직하게 말하면 어떠한가. 아픈 것은 더 나누고, 좋은 것은 더 축하받을 수 있는 투명한 관계가 우리를 진짜 살게 한다. SNS가 주는 피로감도 크지만, 그 안에서 나의 이야기를 정직하게 발화할 때 생기는 연대의 힘은 그 무엇보다 강력하다.

꼭 옆에 물리적으로 동료가 있어야 하는 것은 아니다. 멀리서라도 나라는 사람이 어떻게 걸어가는지 지켜봐 주고 지지해 주는 사람, 의견은 다르더라도 존재 자체를 존중해 주는 사람이 있다면 우리는 지치지 않고 계속 걸어갈 수 있다. 나는 이제 혼자 빨리 가는 길보다, 함께 오래 가는 서사를 선택한다. 세상이 내민 답안지를 거부하고 나만의 경기장에서 함께 뛰는 플레이어들을 만난 지금, 나의 엔진은 그 어느 때보다 뜨겁고 건강하게 돌아가고 있다.

준비가 덜 되었다는 말은 당신을 보호하는 방패가 아니라 당신을 가두는 창살입니다. 일단 저지르고 보십시오. 기회는 걷는 사람의 눈앞에만 나타납니다. 당신의 오답을 부끄러워하지 말고, 당신의 고통을 솔직하게 공유하십시오. 그 투박한 진실이 당신을 세상에서 가장 독보적인 브랜드로 만들고, 당신의 곁에 진짜 사람들을 모여들게 할 것입니다. 당신은 생각보다 강합니다. 이제, 당신의 재생 버튼을 누르십시오.

'일단 지원' 리스트 작성하기: 자격이 안 된다고 생각해서 포기했던 기회나 프로젝트 3가지를 적어보세요. 그리고 오늘, 그중 하나에 아무런 완벽함 없이 '일단' 연락하거나 지원해 보세요. 걷기 시작하는 순간, 환경은 당신의 편으로 바뀌기 시작합니다.

가면 하나 벗어 던지기: 오늘 하루, 평소 SNS나 주변 사람들에게 '잘나가 보이는 척' 했던 모습을 하나만 멈춰보세요. 대신 당신이 겪고 있는 고민이나 사소한 실패 하나를 솔직하게 이야기해 보세요. 그 빈자리에 스며드는 연대의 온기를 느껴보는 것이 주권 회복의 마지막 단계입니다.

5부

서사
Narrative

AI 시대, 당신의 고통은
가장 비싼 자산이 된다

AI는 정답을 주지만,
내 삶의 사람 냄새는 주지 못한다

우리는 바야흐로 '완벽한 정답'의 시대를 살고 있다. 궁금한 것이 생기면 스마트폰을 꺼내 몇 글자 두드리는 것만으로 인공지능AI은 세상의 모든 지식을 갈무리해 가장 매끄러운 답변을 내놓는다. 기계는 지치지도 않고 수천 장의 기획서를 써내고, 한 치의 오차도 없는 화려한 디자인을 제안하며, 심지어 대중이 가장 좋아할 만한 멜로디의 노래를 1초 만에 작곡해낸다. 하지만 이 매끄러운 정답들의 홍수 속에서 나는 묘한 갈증과 피로를 느낀다. 알고리즘이 빚어낸 결과물은 정답이긴 한데 맛이 없고, 화려하긴 한데 영혼이 없다. 그곳에는 오직 인간만이 가질 수 있는 치열한 삶의 '체취'가 빠져있기 때문이다.

정답 제조기가 결코 흉내 낼 수 없는 '현장의 온도'

요즘 유튜브 플레이리스트를 채우고 있는 수많은 AI 작곡 노래들을 들어본다. 멜로디는 세련됐고 화성학적으로도 완벽하지만, 듣다 보면 금방 지겨워진다. 다 비슷비슷한 감성, 어디선가 들어본 듯한 익숙한 분위기들의 짜깁기일 뿐이다. 그 노래에는 사랑에 아파 밤을 지새우며 꾹꾹 눌러 쓴 가사의 떨림도, 무대 위에서 온몸으로 쏟아내는 가수의 거친 숨소리나 미세한 음정의 흔들림조차 담겨 있지 않다. 인공지능이 그린 그림이나 음악은 향기 없는 조화造花와 같다. 겉모습은 완벽할지 모르나 그 안에 생명력이 없다. 인간의 예술에는 창작자의 고뇌와 실수가 섞여 있지만, 기계의 예술에는 오직 계산된 평균값만이 존재하기 때문이다.

AI가 만들어준 PPT 역시 마찬가지다. 정렬은 칼같이 맞고 디자인은 미려하지만, 정작 발표자의 '정성'이 느껴지지 않는다. 스스로 고민해서 배치한 한 줄의 문장, 청중의 이해를 돕기 위해 밤을 새워 고심한 도표 하나가 주는 묵직한 울림이 사라진 자리에는 공허한 시각적 자극만이 남는다. 타인의 손, 혹은 기계의 논리를 빌려 만든 결과물은 결국 보는 이의 마음에도 닿지 못한 채 매끄럽게 겉돌 뿐이다. 정답은 머리를 이해시킬 수 있을지 모르지만, 마음을 움직이는 것은 결국 그 정답을 만들기 위해 보낸 '시간의 밀도'다.

특히 나를 가장 허탈하게 만드는 것은 AI가 쓴 사업계획서다. 문장은 수려하고 시장 분석은 날카롭지만, 결정적으로 '현장감'이 없다. 고객의 눈을 한 번도 마주해보지 않은 채 책상 앞에 앉아 데이터만으로 조립한 계획서에는 플레이어의 간절함이 서려 있지 않다. 기계는 사업의 논리를 그럴듯하게 설명할 수는 있어도, 시장 바닥에서 흙먼지를 마시며 발로 뛰어야만 얻을 수 있는 비릿한 서사, 즉 그 현장 특유의 생동감과 날것의 온도를 흉내 낼 수는 없다. 정답만으로는 사람의 마음을 움직일 수 없다. 사람들은 정답에 감탄할 수는 있어도, 결국 마음을 열고 지갑을 여는 것은 누군가의 '진심 어린 서사'와 그 뒤에 숨겨진 치열하고 투박한 고민의 흔적 앞이다.

폐타이어를 매달던 밤, 효율이 만든 '진짜 브랜드'

나에게는 인공지능이 절대로 복제할 수 없는, 지독하게 투박하고 고통스러웠던 기억들이 가장 비싼 자산처럼 쌓여 있다. 창업 포럼을 준비하며 새벽 내내 직접 무거운 짐을 옮기고 행사장을 구석구석 꾸미던 그 고단한 육체의 기억들, 점포 오픈을 앞두고 설렘과 공포 사이에서 뜬눈으로 밤을 지새웠던 시간들은 내 삶의 지울 수 없는 나이테다. 기계는 오직 '효율'을 계산하지만, 인간은 그 과정 속에서 '기억'을 쌓는다. 그리고 그 기억의 밀도가 곧 그 사람만이 풍길 수 있는 독보적인 아우라가 된다.

가장 기억에 남는 장면 중 하나는 팝업스토어를 준비하던 때였다. 매장의 콘셉트를 살리기 위해 폐타이어가 절실히 필요했다. 나는 세련된 업체에 주문하거나 깔끔한 기성품을 사는 대신, 동네 정비소들을 하나하나 돌며 기름때 묻은 자동차 타이어들을 직접 수거해 왔다. 무거운 타이어를 낑낑대며 차에 싣고, 그것을 장식물로 매달기 위해 손바닥이 부르트도록 거친 밧줄을 당기던 그 밤. 남들이 보기엔 지독하리만치 비효율적이고 미련해 보이는 짓이었을 것이다. "굳이 그렇게까지 손을 더럽히며 해야 하느냐"는 효율주의자들의 비웃음 섞인 시선도 있었다.

하지만 그 투박한 정성과 기름때 묻은 노고가 녹아든 공간은 AI가 렌더링한 그 어떤 매끄럽고 세련된 매장보다 강력한 자력을 뿜어냈다. 사람들은 그곳에서 단순히 물건을 사는 것이 아니라, 플레이어가 쏟아부은 '시간'과 '에너지'의 체취를 본능적으로 느꼈기 때문이다. 그 비릿할 정도로 생생한 고생의 흔적이야말로 나를 남들과 다르게 만드는 유일무이한 오리지널리티였다. 기계는 결과물을 매끄럽게 찍어내지만, 인간은 과정을 온몸으로 살아낸다. 그 살아낸 과정에서 묻어나는 투박한 멋이야말로 AI 시대를 이기는 주권자의 가장 날카로운 무기가 된다. 비효율적으로 보이는 그 무모한 정성이야말로 복제 불가능한 '인간다움'의 증거다.

거대 플랫폼이 넘지 못한 '관계의 벽' : 2023년, 지역과 깊게 연대하다

우리가 진짜 브랜드로 인정받을 수 있었던 결정적인 계기는 거대 플랫폼과의 싸움에서 승리했을 때였다. 서울에 본사를 둔 거대한 IT 플랫폼들이 막강한 자본과 최첨단 알고리즘을 앞세워 지역 시장으로 내려왔을 때, 주변에서는 모두 우리의 패배를 점쳤다. 하지만 결과는 정반대였다. 그들은 지역 시장에서 힘 한번 제대로 써보지 못한 채 사업을 철수하고 다시 올라가야만 했다. 그들이 가진 정교한 데이터로도 결코 무너뜨릴 수 없었던 것, 그것은 바로 우리가 크리에이터들과 쌓아온 '지독한 관계의 힘'이었다.

O2O Online to Offline 플랫폼의 본질은 결국 오프라인의 '관계'

에서 완성된다. 해당 크리에이터가 현재 어떤 심리 상태인지, 어떤 현실적인 고민에 밤잠을 설치고 있는지, 그가 살아가는 상권의 공기가 어떠한지는 온라인상의 숫자 데이터로는 절대로 포착할 수 없는 영역이다. 우리는 오랫동안 크리에이터들에게 진심을 다했다. 어떻게 하면 그들의 클래스가 더 잘될 수 있는지 사비와 시간을 들여 무료 컨설팅을 진행했고, 밤낮 가리지 않고 오는 전화를 받으며 그들의 목소리에 귀를 기울였다.

그들이 외로워할 때는 네트워킹 행사를 주최해 서로를 연결해주었고, 명절이면 정성껏 준비한 선물을 돌리며 "당신들이 없었으면 우리 플랫폼도 없었습니다"라는 감사를 전했다. 2023년 우리의 타이틀이 '지역과 더 깊게 관계하는'이었던 이유도 여기에 있다. 크리에이터들은 단순히 우리 서비스의 공급자가 아니라, 함께 광야를 헤쳐 나가는 동료였다.

알고리즘은 "더 좋은 조건을 제시하는 곳으로 이동하라"고 연산하겠지만, 인간의 진심은 그 연산을 거부한다. 경쟁사가 우리보다 파격적인 조건을 들고 그들을 찾아갔을 때, 크리에이터들은 오히려 우리에게 먼저 연락해 그 사실을 알려주었다. "대표님, 저쪽에 이런 제안이 왔는데 저는 대표님이랑 계속 가고 싶어서요." 이것은 데이터가 만들어낸 결과가 아니다. 발로 뛰며 쌓아온 관계가 만들어낸 기적 같은 방어막이다. 자본은 사람을 모을 수 있지만, 오직 '서사가 담긴 진심'만이 사람의 마음을 묶어둘 수 있다.

데이터는 '손해'라 말해도 인간은 '정情'을 준다

비즈니스 현장에서 숫자로 설명할 수 없는 가장 강력한 힘은 바로 '관계'와 '정情'이다. 데이터적인 관점에서 보면 파트너에게 손해를 보면서 무언가를 내어주는 것은 명백한 '오답'이자 비합리적인 행위다. 하지만 인간 플레이어는 때로 동물적인 직관으로 숫자를 넘어선 선택을 한다. 내가 광주라는 도시에 정착하기 위해 필요했던 것은 정교한 수익 모델이나 차가운 계약서가 아니라, 지역 사회의 정서적인 유대감과 사람 사이의 깊은 신뢰였다.

대표와의 관계, 고객과의 관계에서 우리는 데이터상으로는 분명 손해를 보더라도 기꺼이 마음을 쓰고 덤을 얹어준다. 이것은 인공지능의 알고리즘으로는 절대로 이해할 수 없는 '인간적인 오류'이자 '숭고한 낭비'다. 하지만 바로 이 지점에서 진짜 비즈니스가 시작된다. 내가 걸어온 길을 믿고, 나의 투박한 실패담에 공감하며, 기꺼이 함께하기로 결정해준 파트너들이 그렇다. 그들은 나의 완벽한 제안서에 담긴 수치에 매료된 것이 아니라, 내가 발로 뛰며 연구해온 시간의 밀도와 진심을 보고 마음을 열어주었다.

모든 지식이 평등해지고 정답이 값싸진 시대에 우리가 굳이 사람과 사람이 직접 만나야 하는 진짜 이유는 무엇일까. 그것은 바로 서로의 '본질'과 '체온'을 확인하기 위해서다. 화면 속의 텍스트가 결코 줄 수 없는 온기, 찰나의 눈빛에서 읽히는 진실함, 그리고 함께 땀 흘리며 쌓아가는 신뢰의 서사. 이 비효율적인 만남이야말로 우리를 영혼 없는 기계로부터 구원해주는 유일한 길이다. 데이터는 우리에게 손익을 말해주지만, 인간의 체온은 우리에게 '왜 이 일을 해야 하는가'를 말해준다.

당신의 비릿한 오답이 가장 비싼 브랜드가 되는 시대

나는 이제 정답의 노예로 살기를 거부한다. 대신 내 삶의 체취가 묻어나는 서사를 당당히 드러내는 플레이어가 되기로 했다. 투박하고 서툴지라도 내가 직접 선택한 오답들이 촘촘히 박힌 나의 인생은, 그 어떤 완벽한 AI의 정답지보다 훨씬 더 아름답고 가치 있다. 인공지능은 100점짜리 결과물을 내놓을 수 있지만, 그 과정에서 겪은 인간의 성장과 눈물까지 복제할 수는 없다.

당신의 고통과 노고가 담긴 그 삶의 흔적들을 사랑하라. 남들이 비효율이라 비웃는 당신만의 무모한 정성이야말로 당신을 대체 불가능한 존재로 만드는 가장 강력한 아우라가 될 것이다. 정답만 가득한 세상에서, 당신의 땀 냄새 나는 오답이 가장 비싼 브랜드가 되는 시대가 이미 왔다. 당신의 상처와 투박함이야말로 AI 시대에 당신이 가질 수 있는 가장 희귀하고 값진 자산임을 잊지 마라.

AI가 당신의 일을 대신 해줄 수는 있어도, 당신이 현장에서 흘린 땀방울의 농도와 절실함까지 흉내 낼 수는 없다. 매끄러운 정답 뒤에 숨어 안전한 길만 찾지 마라. 당신의 서투른 시도, 무모한 정성, 그리고 사람과 사람 사이의 뜨거운 정이 담긴 '사람 냄새 나는 서사'를 당신만의 브랜드로 만들어라. 세상은 이제 유능한 기계가 아니라, 자기만의 체취와 진심을 가진 진짜 인간을 원한다. 당신의 투박한 오답이 곧 당신만의 독보적인 실력이다.

나만의 '사람 냄새 나는 기억' 발굴하기: 당신이 무언가를 이루기 위해 지독하게 고생했던, 하지만 지금 생각하면 가장 보람찼던 육체적 노동이나 투박한 노력의 순간 하나를 구체적으로 떠올려 보세요. 그것을 '효율'이라는 잣대로 평가절하하지 말고, 당신만이 가진 '고귀한 고유 데이터'로 기록해 보세요. 그 기억이 당신의 대체 불가능한 브랜드가 됩니다.

숫자 너머의 '정情' 표현하기: 이번 주, 비즈니스 관계에 있는 누군가에게 이익이나 효율을 따지지 말고 순수한 배려나 작은 선물을 건네 보세요. 데이터로는 설명할 수 없는 그 인간적인 연결과 따뜻한 정이 당신의 비즈니스에 어떤 예상치 못한 '기적' 같은 변화와 신뢰를 가져오는지 직접 목격해 보시길 바랍니다.

가짜 확신 뒤에 숨지 마라,
당신의 투박한 오답이 브랜드다

우리는 오랫동안 '확신'이 실력의 유일한 증거라고 교육받아 왔다. 리더라면 어떤 위기 앞에서도 흔들리지 않는 정답을 내놓아야 하고, 전문가라면 미래를 100% 예측하는 예언자가 되어야 한다고 믿었다. 나 역시 그 믿음의 충실한 신봉자였다. 대표로 지내던 시절, 나는 수많은 직원과 파트너들 앞에서 나조차 확신하지 못하는 미래를 "무조건 된다"라고 선언하며 완벽한 확신을 연기했다. 사실 내 등 뒤는 식은땀으로 젖어 있었고, 마음속에는 거대한 의심의 구멍이 뚫려 있었지만, 그 구멍을 화려한 수식어와 단호한 표정으로 메우는 것이 나의 유능함을 증명하는 '역할'이라고 믿었다. 하지만 이제 나는 안다. 가짜 확신은 사람들을 잠시 안심시킬 수는 있어도, 결코 그들의 마음 깊은 곳을 움직이는 '진짜 브랜드'가 될 수 없다는 사실을 말이다.

❚ 확신의 연극이 남긴 지독한 허기와 소외

플랫폼 사업 초기, 솔직히 나는 이 배가 어디로 갈지 완벽히 알지 못했다. 그저 "부딪히다 보면 언젠가는 되겠지"라는 막연한 희망과 근거 없는 깡이 전부였다. 하지만 대외적인 자리에서는 누구보다 정교한 로직을 가진 기획자인 척해야 했다. 내가 흔들리면 팀 전체가 무너질 것 같은 공포 때문에, 나는 나조차 100% 믿지 못하는 미래를 가장 확신에 찬 목소리로 선포하며 '가짜 확신'을 제조해냈다. 이 연기는 생각보다 훨씬 고달픈 작업이었다. '모른다'는 말을 세상에서 가장 치욕스러운 패배 선언으로 여겼던 그때, 나는 더 깊어 '보이는' 척했고, 더 많이 아는 '척'하며 정답지를 연기했다. 지식의 빈틈을 들키지 않기 위해 밤새워 자료를 외우고, 질문이 들어오면 본질과는 거리가 먼 현학적인 표현으로 둘러대며 방어막을 쳤다.

박수 소리가 커질수록 나는 내 인생에서 점점 더 멀어지는 지독한 소외감을 느껴야 했다. 완벽한 리더라는 허상에 스스로를 가둘수록 진짜 나의 목소리는 작아져만 갔다. 가짜 확신은 지독한 '감정 노동'이다. 나를 속이고 타인을 속이는 그 연극을 지속하기 위해 나는 매일 엄청난 양의 에너지를 쏟아부어야 했다. 결과가 좋으면 다행이었지만, 만약 실패라도 하게 되면 그 책임의 무게는 오롯이 내 몫이 되었다. "된다고 했잖아"라는 원망 섞인 눈초리를 피하기 위해 나는 다시 더 큰 거짓 확신을 만들어내야 하는 악순환에 빠졌다. 확신이라는 가면은 나를 보호해주는 방패였지만, 동시에 나를 타인으로부터 격리하는 차가운 감옥이기도 했다. 진실한 소통이 사라진 자리에는 오직 숫자로만 증명되는 비정한 거래만이 남았다. 내가 쥐어짜 낸 가짜 확신은 결국 나를 가장 고독한 사각지대로 몰아넣었고, 내가 쌓아 올린 권위는 나를 짓누르는 무거운 짐이 되었다.

AI는 결코 할 수 없는 '취약함의 고백'과 해석의 힘

오늘날 인공지능AI은 그 어떤 인간보다 더 매끄럽고 완벽한 확신을 내놓는다. 기계는 망설이지 않으며, 데이터가 가리키는 가장 확률 높은 길을 정답이라 선포한다. 하지만 인간 플레이어는 때로 비즈니스 미팅에서 "사실 해당 분야의 마케팅은 해보지 않았습니다. 잘 모릅니다”라고 솔직하게 고개를 숙인다. 그리고 덧붙인다. “그래도 저는 고객의 본질적인 욕구는 누구보다 잘 압니다. 마케팅 수치만 올린다고 무조건 구매가 일어나는 것은 아닙니다. 사람의 마음을 움직이는 변수값은 다른 차원의 문제입니다.”

이 솔직함은 AI가 내놓는 뻔한 정답보다 훨씬 더 강력하게 상대의 마음을 연다. AI는 정제된 답을 이야기하지만, 그 답이 실제 인생의 무수한 변수값과 현장의 비릿한 땀 냄새를 다 담아내지는 못하기 때문이다. 기계는 '틀릴 자유'가 없으며, 자신의 '부족함을 인정할 용기' 또한 없다. 바로 이 지점이 인간 플레이어가 가질 수 있는 가장 강력한 무기다. 인공지능은 절대 자신의 오류를 부끄러워하거나, 실패의 과정을 통해 얻은 뜨거운 깨달음을 전할 수 없다. 오직 인간만이 자신의 '오답'을 당당하게 드러내고, 그 투박한 실패의 흔적들을 브랜드의 자산으로 승화시킬 수 있다. 완벽함은 선망의 대상이 될 수는 있지만, 팬덤을 만드는 것은 언제나 결핍과 솔직함이 빚어내는 인간적 공명이다. 기계가 100%의 확률을 말할 때, 플레이어는 1%의 진심을 담은 고백으로 판을 뒤흔든다.

전문성을 증명하는 것은 성공이 아니라 '오답의 해석력'이다

단순히 "실패했다"라고 고백하는 것만으로는 부족하다. 진짜 플레이어는 그 오답이 왜 나왔는지를 논리적으로 해석해 낼 줄 알아야 한다. 나는 2022년, '모람'에서 큰 인기를 끌던 공예 원데이클래스의 성공에 취해 야심 차게 '자기계발 클래스'를 론칭했다가 고배를 마신 적이 있다. 당시 자기계발 모임이 전국적인 붐이었기에 당연히 성공할 줄 알았지만, 지역 시장의 반응은 처참할 정도로 냉담했다.

나는 이 실패를 숨기지 않고 대중 앞에 꺼내 놓았다. 단순히 "운이 없었다"거나 "사람들이 몰라준다"는 하소연이 아니었다. "수도권의 트렌드를 지역에 그대로 이식하려 했던 것이 패착이었습니다. 지역적인 정서의 차이와 소비자의 흐름을 정교하게 읽지 못했습니다. 우리는 '콘텐츠'가 아니라 '공동체의 유대감'을 먼저 팔았어야 했습니다."라고 냉정하게 해부했다. 실패를 시장의 데이터를 기반으로 객관적으로 분석했을 때, 사람들은 오히려 나를 더 신뢰하기 시작했다. 오답을 정직하게 해석하는 태도에서 전문가의 진짜 품격과 실력을 읽어낸 것이다.

해석이 곁들여지지 않은 정직함은 그저 무능함을 고백하

는 하소연에 불과하지만, 논리적인 분석이 더해진 정직함은 그 누구도 넘볼 수 없는 독보적인 전문성이 된다. 내가 내 오답을 인정하고 해석하는 순간, 대중은 나를 '평가해야 할 대상'이 아니라 '함께 응원해야 할 동료'로 받아들이기 시작했다. 투박한 오답의 서사가 세련된 정답보다 더 비싼 신뢰의 자본이 되는 전율의 순간이었다. 진짜 실력은 정답을 맞히는 지능이 아니라, 오답을 통해 다음 수의 정확도를 높이는 지혜에서 나온다. 그리고 그 지혜는 반드시 직접 깨져본 사람의 몸에만 새겨진다.

진짜 멋진 브랜드는 '흉터'를 성장의 콘텐츠로 쓴다

요즘 대중이 열광하는 진짜 멋진 브랜드는 실수가 없는 천재가 아니다. 자신의 시행착오를 가감 없이 영상으로 올리고, 무엇이 잘못되었는지 고백하며, 그 과정을 거쳐 한 단계 성장하는 모습을 실시간으로 보여주는 플레이어들에게 사람들은 더 큰 공감을 느낀다. 완벽하게 세팅된 성공은 시기심을 부르지만, 흉터를 당당하게 보여주는 서사는 "나도 저럴 수 있지"라는 공감과 함께 뜨거운 응원을 부른다. 사람들은 이제 결과물로서의 정답보다 성장의 서사 그 자체를 소비하며, 플레이어의 여정에 기꺼이 동참하는 동반자가 된다.

나 역시 나의 부족함을 올렸을 때 팬들에게서 가장 따뜻하고 단단한 방어막을 선물 받았다. "저는 정말 맛있게 먹었어요. 왜 사람들이 미워하는지 모르겠네요", "실수할 수도 있죠, 사람이니까요. 대표님의 다음 도전이 더 기대됩니다"라는 팬들의 댓글은 그 어떤 화려한 성공 지표보다 나를 단단하게 만들었다. 당신의 투박한 오답, 그 현장의 땀 냄새 나는 시행착오의 과정이야말로 AI가 절대로 훔쳐갈 수 없는 당신만의 독보적인 데이터이자 대체 불가능한 자산이다.

인공지능은 정답을 갈구하지만, 인간은 서사를 원한다. 그리고 가장 강력한 서사는 언제나 '오답을 뚫고 정답을 찾아가는 정직한 과정'에서 탄생한다. 가짜 확신을 내려놓고 정직한 오답을 선택하라. 당신의 부족함을 솔직하게 드러낼 때 비로소 당신을 돕고 싶어 하는 진짜 팬들이 당신의 곁으로 모여들 것이다. 당신의 투박한 오답이 곧 당신의 가장 강력하고 비싼 브랜드가 되는 시대, 이제 당신의 진짜 이야기가 시작된다. 흉터를 가리기 위해 덧칠한 두꺼운 화장보다, 상처를 당당히 드러낸 맨얼굴이 훨씬 더 아름답고 강력한 힘을 발휘하는 법이다.

완벽해 보이려 애쓰는 순간 당신의 서사는 멈춘다. 당신의 부족함은 수치가 아니라, 당신과 고객을 연결하는 가장 따뜻한 고리다. AI가 내놓는 매끄러운 정답지에 당신의 영혼을 구겨 넣지 마라. 당신이 직접 발로 뛰어 얻은 비릿한 오답들을 당당하게 공유하고 논리적으로 해석하라. 세상은 이제 잘난 척하는 천재가 아니라, 정직하게 틀릴 줄 알고 그 흉터를 훈장처럼 내보이는 용기 있는 플레이어를 기다리고 있다. 당신의 오답이 곧 당신의 오리지널리티다.

나의 '정직한 오답' 하나 해석하기: 최근에 실패했거나 기대에 못 미쳤던 일 하나를 골라보세요. 단순히 "운이 없었다"거나 "속상하다"는 감정 대신, 왜 그런 결과가 나왔는지 '지역적 격차', '타이밍', '소비자 니즈' 등의 관점에서 냉정하게 분석해 보세요. 그 해석을 공유하는 순간 당신의 전문성은 리브랜딩됩니다. 실패의 복기가 성장의 시작임을 잊지 마세요.

취약함을 무기로 사용하기: 중요한 미팅이나 대화에서 모르는 것이 나왔을 때, 아는 척 연기하는 대신 "그 부분은 잘 모릅니다. 하지만 본질적인 해결책은 이렇습니다"라고 답해 보세요. 가짜 확신을 버릴 때 상대방이 보여주는 낯설고도 강력한 신뢰의 눈빛을 목격하게 될 것입니다. 자신의 한계를 인정하는 사람만이 한계를 넘어설 수 있습니다.

지식이 평등해진 시대, 나만의 이야기가 유일한 무기가 된다

불과 몇 년 전까지만 해도 지식은 곧 권력이자 부의 원천이었다. 남들이 모르는 정보를 선점하는 것이 곧 경쟁력이었고, 비싼 등록금을 내고 대학원에서 학위를 따거나, 수천만 원짜리 컨설팅을 받아야만 얻을 수 있는 '고급 정보'들이 성벽처럼 존재했다. 지식은 곧 계급이었고, 그 계급을 유지하기 위해 우리는 더 많은 정보를 독점하려 애썼다. 정보를 가진 자가 갑이 되고, 정보가 없는 자는 그들의 입만 바라보던 시절이었다. 하지만 인공지능AI의 등장은 이 견고한 지식의 성벽을 단숨에 허물어버렸다. 이제 누구나 손바닥 위의 스마트폰 하나로 하버드 석학의 이론을 10초 만에 요약해 듣고,

전문적인 코딩이나 복잡한 마케팅 전략을 실시간으로 처방 받는다. 지식은 더 이상 비싸지 않으며, 심지어 놀라울 정도로 평등해졌다. 하지만 역설적으로 모든 지식이 평등해진 이 시대에, 가장 불평등하게 빛나는 자산이 하나 남았다. 그것은 바로 그 지식을 온몸으로 통과해온 당신만의 '이야기Narrative'다.

정보의 폭락, 서사의 폭등 : 진짜 몸값은 어디에서 매겨지는가

과거의 나는 비즈니스 노하우를 배우기 위해 서울까지 먼 길을 마다하지 않고 달려갔다. 당시에는 그것이 내 실력을 키우는 유일한 길이라 믿었기 때문이다. 하지만 지금은 그 모든 지식이 클릭 몇 번으로 해결된다. AI는 1분 만에 최적화된 기획안을 내놓고, 시장 분석 리포트를 완벽하게 작성한다. 이 현상을 보며 나는 한 가지 서늘한 질문을 마주했다. '기계가 모든 정답을 무료로 내놓는 시대에, 인간 김종언의 지식은 어떤 가치를 가져야 하는가?' 내가 10년을 공부해서 얻은 답을 기계가 1초 만에 내놓는다면, 내 존재의 의미는 어디에서 찾아야 하는가?

그 답은 지식의 '양'이나 '정확도'에 있지 않았다. 정보 자체는 이미 가치가 폭락했다. 김대식 교수의 말처럼 AI가 가진 지능은 고통과 시간의 축적 없이 학습된 '저렴한 지능'이다. 기계는 전력을 공급받아 데이터 사이를 유영하며 정답을 조립할 뿐이지만, 인간은 생존을 위해 피를 흘리며 삶을 조립한다. 우리가 유튜브나 특정 전문가의 말에 귀를 기울이는 진짜 이유는 그 정보가 대단해서가 아니라, 그 정보를 전달하는 사람의 말투, 표정, 그리고 그 지식을 얻기 위해 그가 견뎌냈던 '앓음의 시간' 때문이다.

인간 플레이어의 진짜 몸값은 내가 실제로 겪으며 개선해온 '세부적인 사례'와 '앓음의 시간'에서 나온다. AI는 '알고' 있는 것을 전달하지만, 진짜 플레이어는 '앓고' 난 뒤의 결과물을 전달한다. 수많은 오답을 내며 겪은 시행착오의 데이터는 알고리즘이 아무리 역설계해도 복제할 수 없는 유일한 기록이다. AI는 수치상으로 완벽한 마케팅 전략을 짤 수는 있어도, 현장에서 사장님의 지친 어깨와 떨리는 손등의 검버섯을 보며 "오늘은 이 일을 잠시 미루고 뜨끈한 국밥이나 한 그릇 하시죠"라고 말할 수 있는 판단은 내리지 못한다. 그 찰나의 공감과 정情이야말로 서사를 가진 인간만이 내릴 수 있는 '비싼 지능'의 결정이다. 이제 지식은 경기장에 들어오기 위한 최소한의 입장권일 뿐이다. 주인공이 되는 무기는 당신이 통과해온 고통스러운 시간과 그 안에서 길러진 나라는 사람의 대체 불가능함 그 자체다. 정보가 흔해질수록, 그 정보를 삶으로 증명해낸 서사의 몸값은 천정부지로 치솟는다.

'아는 척'을 버리고 '깊은 이해'를 선택한 이유

나는 오랫동안 '슬로 스타터'로 살면서 한 가지 부끄러운 패턴을 가지고 있었다. 넓고 얕은 지식을 여기저기서 끌어모아 마치 다 아는 것처럼 행동하던 '아는 척'의 유혹이었다. 빠른 판단과 화려한 언변이 실력으로 대접받는 시장에서, 나는 깊이 뿌리 내리기보다 정리된 문장을 먼저 꺼내며 나를 포장했다. 그래야만 전문가로 인정받을 수 있다고 믿었기 때문이다. 하지만 AI 시대에 이런 식의 '가공된 지식'은 아무런 힘을 쓰지 못한다. 단순한 정보 가공과 복사 붙여넣기는 이제 기계가 인간보다 수만 배 더 정교하게 잘하기 때문이다. 가짜 전문가들의 얕은 밑천은 이제 알고리즘 앞에서 속절없이 드러나고 만다.

그래서 나는 대학원 경영학과에 진학했다. 단순히 학위를 따기 위해서가 아니라, 이제는 정말 '진짜'가 되고 싶었기 때문이다. 요약본이 아닌 원전을 읽고, 공식이 아닌 원리를 파고드는 지독하리만치 본질적인 '깊은 이해'의 시간을 보낸다. 역설적이게도 AI와 함께 일하기 위해서는 내가 더 많이, 더 깊게 알아야 한다. 송길영 작가가 말하는 '호명사회'에서는 단순히 '무엇을 아느냐'보다 '누가 그 말을 하느냐'가 중요해진다. 내가 깊은 통찰을 가지고 있지 않으면 AI는 그저 뻔한 정답만 내놓는 비서에 불과하지만, 내가 질문의 깊이를 더할 때 비로소 AI는 내 생각을 확장시켜 주는 강력한 파트너가 된다.

얕은 지식으로 척하는 삶을 끝내고, 수년간 앓으며 체득한 통찰을 문장으로 벼려낼 때 비로소 인간 플레이어의 '아우라Aura'는 완성된다. 빨리 얻은 지식은 내 몸에 근육을 만들지 못하지만, 느리게 소화한 지식은 내 영혼의 일부가 된다. 지식이 흔해진 세상일수록, 그 지식을 사유의 용광로에 넣어 자신만의 철학으로 제련해낸 사람의 목소리가 가장 비싼 값을 받게 될 것이다. 남들의 문장을 빌려 쓰는 자는 AI에게 대체되지만, 자신의 문장을 제련하는 자는 AI를 도구로 부린다. 이것은 효율의 문제가 아니라 '존재의 무게' 문제다.

현장의 흙탕물 데이터 : AI는 절대로 모르는 삶의 무게

나를 완벽히 복제한 AI 모델이 나온다고 가정해 보자. 그

AI는 나의 문체를 흉내 내고 내가 쓴 글들을 학습해 그럴듯한 조언을 건넬 것이다. 하지만 그 기계가 절대로 따라 할 수 없는 단 한 가지가 있다. 그것은 바로 장사 현장의 '먼지와 흙탕물' 속에서만 배울 수 있는 인간적인 고뇌와 그로 인해 발생하는 '데이터의 변주'다. 기계는 최적의 효율을 계산하지만, 인간은 삶의 무게 때문에 때로 가장 비효율적인 선택을 하며 그 안에서 기적 같은 서사를 만들어낸다.

AI는 소상공인 사장님의 매출을 올리는 마케팅 기법은 알려줄 수 있어도, 아픈 몸을 이끌고 매일 아침 문을 열어야 하는 가장의 무거운 책임감을 공감할 수는 없다. 하루 장사 매출이 나오지 않으면 한 달 전체가 휘청거리는 그 절박함, 아르바이트생과의 복잡한 관계 속에서 속앓이하는 사장님의 한숨을 기계는 연산할 수 없다. 기계는 손익계산서를 보고 효율에 근거해 '폐업'을 권고할지 모르지만, 인간 플레이어는 그 가게에 담긴 사장님의 10년 세월과 자녀의 학비를 떠올리며 '버티는 전략'을 함께 짠다. 이것은 숫자로 설명되는 비즈니스가 아니라, 삶으로 증명하는 연대다.

데이터는 '아니오'라고 말할지라도, 정情 때문에 '예'를 선택해야 하는 인간적인 어리석음의 숭고함. 조던 피터슨이 말하듯, 혼돈Unknown의 현장을 직접 밟으며 질서를 찾아가는 그 고단한 과정이야말로 복제 불가능한 오리지널리티다. 이 짧

은 한 문장의 결론을 얻기 위해 나는 10년의 현장 경험과 14
개월의 광야 시간을 썼다. "세상은 생각보다 넓고, 배움의 가
치는 너무나 아름다우며, 한계는 오직 스스로 짓는 것뿐이
다." 이 지극히 평범해 보이는 문장이 나에게는 수억 원의 계
약서보다 비싼 '시간의 데이터'다. 현장의 냄새를 맡아본 사
람만이 가질 수 있는 동물적 감각은 결코 디지털로 복제되지
않는다. 그것은 흙탕물을 뒤집어써 본 사람만이 가질 수 있
는 훈장이기 때문이다.

복제 불가능한 아우라 : 몰라도 끝까지 해내겠다는 태도

지식이 평등해진 시대에 당신을 지켜주는 최종적인 성벽
은 당신의 '태도'다. 나의 모든 데이터를 학습한 AI가 나온다
해도, 결코 따라 할 수 없는 나의 가장 큰 무기는 '몰라도 끝
까지 해내겠다'는 무모한 끈기다. 기계는 확률이 낮으면 멈
추지만, 인간은 의미가 있으면 달린다. 미래에 대한 불확실
성이 덮쳐와도 "내가 하고 싶은 거니까, 내가 좋아하는 거니
까, 내가 꼭 해야만 하는 거니까"라고 외치며 한 발을 내딛는
그 뜨거운 의지를 기계는 가질 수 없다. 기계는 가장 안전하
고 최적인 경로를 찾지만, 인간은 자신이 사랑하는 경로를

개척하며 기꺼이 위험을 감수한다.

무엇보다 소중한 사람을 지키며 함께 가겠다는 태도, 숫자로 표현할 수 없는 인간 대 인간의 신뢰를 끝까지 사수하려는 고집. 이것이 바로 AI 시대를 이기는 주권자의 가장 강력하고 비싼 아우라다. 지식은 평등해졌지만, 그 지식을 삶으로 증명해낸 사람의 깊이는 결코 평등하지 않다. 당신이 지독하게 비효율적으로 보냈던 그 고민의 시간들, 실패해도 다시 일어나 끝까지 해냈던 그 투박한 태도를 사랑하라. 비효율이야말로 인간이 기계로부터 자신을 지킬 수 있는 가장 거룩한 성역이다.

우리는 기계보다 더 빨리 계산할 수도, 더 많은 책을 외울 수도 없다. 하지만 우리는 기계가 할 수 없는 '사랑'과 '고집'과 '눈물'을 가졌다. 이 비효율적인 감정들이야말로 AI 시대에 우리가 잃어버리지 말아야 할 마지막 주권이다. 지식은 이제 공기처럼 흔해졌지만, 그 지식을 온몸으로 살아낸 당신의 주권적인 태도는 우주에 하나뿐인 유니크한 자산이다. 당신이 통과해온 그 고통스럽고 비효율적인 시간들이야말로 당신을 대체 불가능하게 만드는 유일한 증거다. 이제 지식의 양으로 승부하는 시대는 끝났다. 당신이 어떤 사람인지, 무엇을 지키며 걸어왔는지가 당신의 새로운 실력이 되는 서사의 시대가 열렸다. 당신의 아픈 기록은 이제 당신을 세상에서 가장 빛나는 주권자로 만들어줄 것이다.

AI에게 물으면 1초 만에 나오는 답에 인생을 걸지 마라. 그런 지식은 당신뿐만 아니라 전 세계 모든 사람이 동시에 가지고 있는 흔해 빠진 공산품일 뿐이다. 당신의 진짜 실력은 당신이 직접 발로 뛰며 넘어진 횟수, 그 상처가 아물며 생긴 단단한 굳은살에서 나온다. 지식이 평등해진 시대는 역설적으로 '인간의 서사'가 귀족이 되는 시대다. 당신이 얕은 지식으로 '아는 척' 하던 시절을 지나, 지독하게 깊이 파고들었던 그 시간들을 믿어라. 그 시간이 당신을 대체 불가능한 존재로 만든다.

'나만의 시간축' 기록하기: 당신이 특정 결론이나 깨달음을 얻기 위해 소비했던 실제 시간을 계산해 보세요. 그리고 그 시간이 단순히 정보 검색으로 얻을 수 없는 어떤 '감각적 데이터_{현장의 소리, 사람의 표정, 실패의 쓴맛}'를 남겼는지 적어보세요. 그 축적된 시간이 바로 당신의 진짜 몸값입니다.

'진짜 이해'를 위한 학습 시작하기: AI 요약본이나 숏폼 영상으로 정보를 훑는 대신, 당신이 진짜 알고 싶은 분야의 고전을 정독하거나 대학원 수준의 깊은 연구를 시작해 보세요. '아는 척'의 껍데기를 벗고 지식을 영혼의 근육으로 만드는 과정에서 당신만의 독보적인 아우라가 싹틉니다. 깊이 파는 사람만이 더 넓은 세상을 가질 수 있습니다.

알고리즘의 안락한 잔소리를 거부하고 주권을 탈환하라

지금 우리는 인류 역사상 가장 친절하고, 가장 똑똑하며, 지칠 줄 모르는 '전용 잔소리꾼'과 함께 살고 있다. 바로 인공지능AI과 그 배후의 알고리즘이다. 이들은 내가 방금 검색창에 입력한 단어 하나로 내 욕망을 역설계해 맞춤형 광고를 띄우고, 퇴근길 지하철에서 내 엄지손가락이 어떤 영상에 몇 초간 머무는지 기막히게 연산해 다음 볼거리를 끊임없이 제안한다.

이들의 제안은 단순히 '추천' 수준에 머물지 않는다. 심지어 지금 이 순간 어떤 비즈니스 결정을 내려야 리스크를 최소화하고 수익을 극대화할 수 있는지까지 아주 세련된 목소리로 가이드라인을 제시한다. "대표님, 데이터로 분석해 보니 지금 이 프로젝트는 잠시 멈추는 게 이득입니다", "이 답장은 30분 내로 보내야 상대방의 신뢰를 얻을 확률이 85%까지 올라갑니다"라고 말이다. 이러한 알고리즘의 속삭임은 마치 비서의 조언처럼 들리지만, 사실은 우리의 직관을 마비시키고 생각의 근육을 퇴화시키는 아주 정교한 '잔소리'에 가깝다.

이런 조언들은 대개 논리적으로 흠잡을 데가 없다. 실제로 결과가 좋게 나타날 때도 많다. 나 역시 제미나이Gemini 같은 도구들의 도움을 받으며, 복잡한 업무를 단 몇 초 만에 정리해 주는 그 압도적인 효율성에 매번 감탄한다. 하지만 이 안락한 친절함 속에 몸을 깊숙이 파묻고 지낼수록, 가슴 한구석에는 설명하기 힘든 섬뜩함이 차오르곤 한다. 내 선택권과 스스로 깊게 고민하는 사유의 자유가, 마치 모래시계 속의 미세한 모래알처럼 조금씩, 그러나 멈추지 않고 빠져나가고 있다는 감각 때문이다.

우리는 지금 '효율성'과 '편리함'이라는 그럴싸한 명분으로 포장된 거대한 가스라이팅을 당하고 있는지도 모른다. 시스템이 정해준 '최고의 정답'만 따라가는 동안, 정작 내가 무엇을 진정으로 원하는지 스스로 묻는 힘은 급격히 퇴화하고 있다. 알고리즘의 최적화된 설계도 안에서만 움직인다면, 우리는 그저 잘 길들여진 기계의 부속품과 다를 바 없게 된다.

영원한 아이 :
결정권을 넘겨준 인간의 퇴행

알고리즘이 짜준 최단 경로로만 운전하고, 알고리즘이 추천하는 별점 높은 식당만 골라 가며, 인공지능이 써준 기획안을 마치 내 생각인 것처럼 발표하며 10년을 보낸 인간은 어떤 모습일까. 나는 그런 사람을 '영원한 아이Eternal Child'라고 부르고 싶다. 신체는 어른이지만, 스스로 결정하는 능력은 성장을 멈춘 상태를 말한다.

부모님이 모든 걸 대신 결정해주고 장애물을 미리 치워주는 아이는 당장 실수하거나 다칠 일이 없으니 안전해 보인다. 하지만 그런 아이는 결코 스스로 일어서는 법도, 넘어졌을 때 다시 일어나는 법도 배우지 못한다. 인생의 거친 파도를 넘는 법을 배우지 못한 아이는 평생 타인의 손을 잡아야만 한 발을 뗄 수 있는 나약한 존재로 남는다. 마찬가지로 알고리즘이라는 '디지털 유모차'에 실려 인생이라는 거리를 구경하는 어른은 주체적인 사고력을 잃어버린 채 무기력한 존재가 되어간다.

이들은 시스템이 정해준 테두리 밖의 세상을 상상하는 법을 잊어버린다. 예상치 못한 돌발 상황이나 데이터에 존재하지 않는 삶의 변수가 닥쳤을 때, 스스로 지도를 그릴 능력을 상실한 채 시스템의 오류 메시지만을 망연자실하게 바라보게 될 뿐이다. 한 연구에 따르면 내비게이션에 의존할수록 인간의 뇌에서 공간 지각을 담당하는 해마의 기능이 약해진다고 한다. 우리의 사고 근육 역시 마찬가지다. 결정권을 기계에 넘긴다는 것은 단순히 편리함을 얻는 행위가 아니라, 인간으로서 누려야 할 가장 귀하고 고귀한 권리인 '방황할 자유'와 '기꺼이 실패할 권리'를 스스로 포기하는 것이다.

우리는 시스템이 허락한 서너 개의 선택지 중에서 하나를 고르며 내가 자유롭다고 착각하지만, 사실은 보이지 않는 알고리즘의 감옥 벽에 갇혀 있는 셈이다. 이 좁은 테두리 안에서 박제된 인생에는 더 이상 나만의 특별한 서사와 굴곡진 삶의 무늬가 들어설 자리가 없다. 주권을 잃은 삶은 결국 남이 정교하게 짜놓은 각본대로 움직이는 엑스트라에 불과하다.

불편함의 미학:
주권자는 기꺼이 '마음이 시키는 오답'을 택한다

나는 가끔 의도적으로 내비게이션을 끈다. 이미 여러 번 와봤던 길이라서 혼자 가보고 싶기도 하고, 내 기억의 세포가 이끄는 감각대로 핸들을 돌려보고 싶어서다. 내비게이션 알고리즘은 "경로를 이탈했습니다! 유턴하세요!"라며 신경 질적으로 재탐색을 반복하지만, 나는 그 기계적인 목소리를 배경음악 삼아 창밖의 풍경을 즐긴다. 길을 조금 돌아가면 어떤가. 그 우회로에서 우연히 발견한 이름 모를 들꽃들과 낯선 골목의 정취, 데이터에는 나오지 않는 오래된 노포의 낡은 간판은 효율적인 직선 도로가 절대 줄 수 없는 '인간적 인 전율'을 선물한다.

비즈니스를 할 때도 나는 가끔 '데이터상의 손해'가 빤히 보이는 길을 선택한다. 효율이나 단기적인 수익만 따지면 이 사람과 프로젝트를 하는 게 훨씬 편하고 안전하겠지만, 나는 가끔 마음이 쓰이는 사람, 혹은 결과는 확실하지 않아도 내 영혼이 즐거울 것 같은 파트너를 고른다. 누군가는 이를 두 고 비합리적이라고 비웃을지 모른다. 하지만 이건 바보 같은 결정이 아니다. 내가 내 인생의 주인임을 증명하는 아주 고 귀한 '비효율'이다. 숫자가 말해주는 정답 대신, 내 심장이 뛰 는 방향을 선택할 때 비로소 우리는 기계와 구별되는 주권자 가 된다.

비효율적인 선택은 때로 놀라운 결과를 가져온다. 프로젝 트의 수익성보다 파트너와의 신뢰와 재미를 선택했을 때, 예 상치 못한 새로운 기회가 열리는 것을 나는 여러 번 목격했

다. 그것은 데이터가 계산할 수 없는 '인간적 공명'이 만들어
낸 시너지다. 주권자의 선택은 단순히 이득을 쫓는 것이 아
니라, 내가 어떤 사람인지를 증명하는 행위다.

또한 나는 누군가에게 아무 대가 없이 도움을 줄 때 내가
진짜 살아있음을 느낀다. 저 역시 광야를 걸어오며 수많은
선배와 동료들이 먼저 닦아놓은 길의 혜택을 입었다. 그들이
데이터상의 이득과 시간 대비 가성비만 따졌다면 저에게 건
네준 그 따뜻한 손길은 결코 존재하지 않았을 것이다. 받은
만큼 베풀겠다는 '정情의 논리'는 AI 알고리즘이 죽었다 깨어
나도 이해할 수 없는 영역이다. 숫자를 넘어선 선택, 계산되
지 않은 호의, 손해를 감수한 연대. 이런 비효율적인 행동들
이야말로 우리를 시스템의 부속품이 아닌 존엄한 '사람'으로
남게 해주는 최후의 보루다.

5년의 골든타임 :
생각의 멸종을 막기 위한 마지막 경고

나는 앞으로의 5년이 인간의 주권을 되찾을 수 있는 마지
막 '골든타임'이라고 확신한다. 지금 이 순간에도 우리의 사
고 근육은 매일매일 가늘어지고 있다. 직접 문장을 고민하며
썼다 지웠다 반복하기보다 AI가 대신 매끄럽게 써주는 글에

익숙해지고, 깊은 생각이 담긴 긴 글보다 누군가 자극적으로 요약해놓은 쇼츠나 릴스 영상에만 정보를 의존한다. 정보에 대한 접근성이 낮아질수록 정보의 가치는 폭락하고, 그 정보를 깊이 소화해서 내 것으로 만드는 인간의 능력도 급격히 하향 평준화된다.

정보의 홍수 속에서 우리는 점점 더 얕은 사유에 머물게 된다. 30초짜리 요약 영상으로 책 한 권을 읽었다고 착각하고, 챗GPT의 답변 몇 줄로 복잡한 철학적 고민을 끝내버린다. 하지만 진짜 깊은 깨달음과 통찰은 그 지루한 '과정'을 끝까지 완주해본 사람만이 가질 수 있는 독점 자산이다. 고생하지 않고 클릭 몇 번으로 얻은 지식은 절대 내 몸의 근육이 되지 않는다. 그것은 누구나 가질 수 있는 흔하디흔한 소모품일 뿐이다. 직접 땀 흘려 얻지 않은 정보는 위기의 순간에 결코 나를 지켜주지 못한다.

우리는 콘텐츠가 만들어지기까지의 그 고통스러운 '연구와 고뇌의 시간'을 싹둑 잘라버리고, 결과물만 홀랑 받아먹는 데 길들여지고 있다. 그 인사이트를 제공하기 위해 창작자가 보낸 수많은 밤과 눈물겨운 노력은 화면 너머로 사라진다. 만약 우리가 계속해서 이 편리함의 마약에 취해 있다면, 머지않아 우리는 '생각하는 종'으로서의 주권을 완전히 잃게 될 것이다.

앞으로 5년 동안 우리가 해야 할 일은 명확하다. AI라는 강력한 도구를 누구보다 빠르게 배우고 습득하는 동시에, 그이면에서 나라는 존재의 중심Core을 더 단단하고 깊게 만드는 것이다. 도구가 날카로워질수록 그 도구를 쓰는 사람의 철학은 더 본질적이고 묵직해야 한다. 사람이 할 수 있는 것, 즉 고통을 참고 원리를 파고들며, 수많은 실패를 통해 얻은 귀한 데이터를 직접 캐내어 나만의 서사를 완성하는 그 치열함을 되찾아야 한다. 지금 이 안락한 잔소리를 끊어내지 못한다면, 5년 뒤 우리는 스스로 생각하는 법을 영영 잊어버린 인공지능의 부속품으로 전락하고 말 것이다.

알고리즘을 노예로 부리는 플레이어의 루틴

주권을 되찾는다는 게 AI를 아예 안 쓰는 고집을 부리자는 건 아니다. 진짜 플레이어는 알고리즘의 노예가 되지 않고, 그것을 철저히 내 생각을 넓히고 비전을 구체화하는 '도구'로 부린다. 이를 위해 나는 매일 의도적으로 요약본이나 숏폼이 아닌 '진짜 책원전'을 읽고, 다른 사람의 깊은 생각이 담긴 장문의 인터뷰나 콘텐츠를 소비한다. 단순히 정보를 얻으려는 게 아니다. 그 사람들이 자신의 삶을 어떤 철학으로 통과해왔는지, 그 목소리에 담긴 '고유한 서사'를 온몸으로 느끼기 위해서다.

이런 서사는 AI가 절대 만들어내지 못한다. 인생이라는 경기장에서 직접 피와 땀을 흘려본 인간만이 풀어낼 수 있는 날것의 기록이기 때문이다. 요약된 정보는 간편한 영양제 같지만, 거친 원전은 턱 근육을 써서 씹어야 할 고기와 같다. 나는 기꺼이 턱 근육을 써서 그 거친 생각을 씹어 소화하려 한다. 그 과정에서 생기는 '사유의 근육'이 바로 AI 시대를 버티는 힘이 되기 때문이다.

나는 또한 타인의 사고 과정을 엿볼 수 있는 긴 호흡의 다큐멘터리나 대담을 즐겨 본다. AI가 정해준 '가장 효율적인 인생'이 아니라, 자신만의 '고집스러운 인생'을 살아가는 사람들의 이야기는 나에게 가장 강력한 항생제가 된다. 그들의 서사를 접할 때마다 나는 알고리즘의 안락한 늪에서 빠져나올 힘을 얻는다. 지식은 이제 공기처럼 흔해졌지만, 그 지식을 사유의 용광로에 넣어 제련해낸 당신의 주권적인 태도는 우주에 하나뿐인 유일한 자산이다.

안락한 잔소리에서 걸어 나와, 조금은 춥고 거칠더라도 당신의 핸들을 직접 쥐어라. 핸들을 쥐고 당신이 직접 선택한 오답들이 박힌 그 길이, 결국 AI 시대를 이기는 가장 비싸고 아름다운 서사가 될 것이다. 당신이 흘린 땀과 눈물, 그리고 주권만이 당신을 기계로부터 구원해 줄 것이다.

알고리즘이 추천하는 '최단 경로'는 당신을 목적지까지 빠르게 데려다줄지는 몰라도, 당신을 성장시키지는 못한다. 편리함이라는 이름의 달콤한 독배를 경계하라. 스스로 고민하고, 스스로 결정하며, 그 결과로 얻은 실패의 무게까지 기꺼이 책임지는 사람만이 진짜 어른이다. 앞으로의 5년, 당신의 사고 근육을 필사적으로 지켜내라. 남들이 요약해준 정답 뒤에 숨지 말고, 당신의 언어로 세상을 정의하라. 그것이 주권자의 유일한 생존법이다.

내비게이션 없는 '노 필터' 데이: 일주일에 하루는 스마트폰의 추천 기능이나 내비게이션 없이 움직여 보라. 발길 닿는 대로 걷고, 우연히 마주친 이름 없는 식당에 들어가 보라. 알고리즘의 테두리를 벗어났을 때 비로소 들리는 당신 내면의 목소리에 귀를 기울여 보라.

'과정의 고통' 환영하기: 오늘 무언가를 배울 때 요약본이나 짧은 영상만 보지 말고, 관련 책 한 권을 처음부터 끝까지 정독하거나 직접 원시 데이터를 찾아보라. 효율을 포기하고 보낸 그 지루한 시간이 당신의 지식을 '흔한 정보'에서 '비싼 통찰'로 바꿔줄 것이다. 편리함과 맞바꾼 주권은 절대 공짜가 아니다.

비합리적인 '선의' 베풀기: 데이터상의 이득이나 효율과는 상관없이, 오늘 누군가에게 순수한 마음으로 도움을 주거나 양보해 보라. 기계적인 계산을 넘어서는 그 인간적인 행위가 당신의 영혼을 얼마나 단단하게 만드는지 체험해 보라. 주권자는 계산하는 자가 아니라 선택하는 자임을 기억하라.

부지런히 벽돌만 쌓는 삶을 멈춰라: 당신은 어떤 '형용사'의 집을 짓고 싶은가

우리는 인생을 살며 끊임없이 '벽돌'을 모으는 데 집착한다. 여기서 벽돌이란 돈, 학위, 자격증, 화려한 인맥, 그리고 최신 지식 같은 것들을 말한다. 우리는 이 벽돌들이 많으면 많을수록 더 훌륭한 인생의 집이 지어질 것이라 믿는다. 그래서 남들이 다 듣는다는 수십만 원짜리 유료 강의를 결제하고, 언젠가 읽겠다고 다짐하며 베스트셀러를 사 모으며, 나중에 도움이 될지도 모를 사람들의 명함을 수천 장씩 쌓아둔다. 나 역시 오랫동안 지독한 '벽돌 수집가'로 살았다. 하지만 어느 날 문득 깨달았다. 나는 집을 짓고 있는 게 아니라, 그저 '불안'이라는 자재들을 무질서하게 쌓아놓은 고물상을 운영하고 있었다는 사실을 말이다.

불안이 만든 수집가의 창고,
그 허망한 풍경

과거 내 구글드라이브와 서재는 '미래를 위한 준비'라는 그럴듯한 명분 아래 수집된 벽돌들로 가득했다. 마케팅 트렌드, 최신 경영 이론, SNS 알고리즘 활용법 등 언젠가 내 사업에 쓸모가 있을 거라 믿었던 파편화된 지식들이 산더미처럼 쌓여 있었다. 가만히 있으면 도태될 것 같다는 공포, 무엇이라도 배우고 있지 않으면 무능해 보일 것 같다는 불안이 나를 끊임없이 채찍질했다. 나는 그 벽돌들을 옮기느라 늘 숨이 찼고, 어깨는 무거웠다. 하지만 정작 그 벽돌로 어떤 공간을 만들지에 대한 고민은 없었다. 그저 '남들이 다 쌓으니까' 나도 쌓아야 한다는 강박뿐이었다.

벽돌은 산더미처럼 쌓여갔지만, 정작 그 안에서 내가 편히 쉴 수 있는 '기분 좋은 방' 한 칸은 존재하지 않았다. 남들이 좋다니까 일단 가져온 자재들 속에서, 정작 내가 어떤 분위기의 집을 원하는지 모른 채 재료의 무게에 짓눌려 살던 그 시절은 풍요 속의 빈곤이었다. 벽돌을 모으는 행위는 성장이 아니라, 단지 성장을 연기하며 불안을 잠재우는 마취제에 불과했다. 설계도 없이 벽돌만 쌓아 올리는 인생은 결코 '집'이 될 수 없다. 그것은 언제든 무너질 수 있는 위태로운 폐허이 자, 주인을 집어삼키는 감옥일 뿐이다. 우리는 벽돌을 쌓는 노동에 취해, 그 집에서 누려야 할 '삶'을 통째로 잊어버리고 있었다

정읍 시골길에서 찾은 세 가지 '형용사'

인생의 핸들을 다시 쥐기로 결심하고 하동의 한 시골길을 달릴 때, 나는 비로소 내가 쌓아온 벽돌들을 객관적으로 바 라볼 수 있었다. 차창 밖으로 흐르는 풍경은 속도를 줄이자 비로소 제 색깔을 드러냈다.

늘 외부의 소음과 시장의 속도에 쫓기며 살았기에, 이제는 내 내면의 목소리를 선명하게 들을 수 있는 '고요한' 상태가 간절했다. 소음Noise을 걷어내야만 비로소 나만의 신호Signal 가 들리기 시작한다는 것을 깨달았다. 바쁘다는 핑계로 스쳐 지나갔던 사람들의 눈빛과 표정을 다시 발견하고, 숫자Doing 가 아닌 사람Being의 온기를 느끼는 '정감 있는' 삶을 원했다. 그리고 더 이상 타인의 기준에 맞추려 애쓰지 않고, 소중한 사람과 함께 걷는 그 자체에서 오는 '행복한' 충만함을 누리 고 싶었다

이 세 가지 형용사가 결정되는 순간, 내가 그동안 모아온 벽돌들의 용도가 선명해졌다. 어떤 벽돌은 나의 '고요함'을 방해하는 소음이었기에 과감히 버려야 했고, 어떤 벽돌은 '정감 있는' 관계를 위해 더 소중히 닦아야 했다. 형용사는 인생의 설계도이자, 무엇을 취하고 무엇을 버릴지 결정하는 최고의 필터였다. 설계도가 나오자 비로소 '노동'은 '건축'이 되었고, '불안'은 '설렘'으로 바뀌었다.

AI는 벽돌을 쌓지만, 형용사는 오직 인간만이 정한다

인공지능AI 시대에 '벽돌'을 쌓는 일은 기계가 인간보다 압도적으로 잘한다. AI는 세상의 모든 지식을 갈무리해 가장 매끄러운 답변을 내놓고, 효율적인 비즈니스 로직을 1초 만에 설계한다. 만약 우리가 어떤 분위기의 집을 지을지형용사 정하지 않은 채 벽돌만 모은다면, 우리는 결국 AI가 설계한 '평균의 집'에서 살게 될 뿐이다. 그것은 편리하고 튼튼할지는 몰라도 당신이라는 사람의 영혼이 깃들 자리는 없는, 공장에서 찍어낸 모델하우스 같은 인생이다.

형용사를 먼저 정하는 것은 곧 '인생의 주권'을 선언하는 일이다. 내가 어떤 상태로 존재하고 싶은지Being를 명확히 해야만, 비로소 도구AI를 부릴 수 있는 주인이 된다. 주권이 없는 플레이어는 AI가 가져다주는 벽돌의 양에 압도되어 결국 기계가 시키는 대로 성벽을 쌓게 된다. 하지만 형용사가 선명한 주권자는 AI에게 명령한다. "나는 '고요한' 집을 지을 거야. 그러니 그에 맞는 벽돌만 가져와."

형용사라는 철학이 없는 비즈니스는 자본의 논리에 휘둘려 결국 '누구나 지을 수 있는 흔한 상가 건물'이 되지만, 형용사가 선명한 브랜드는 그 누구도 복제할 수 없는 독보적인 '아우라'를 갖게 된다. 기계는 최단 거리를 연산하지만, 인간은 '아름다운 거리'를 선택한다. 그 선택의 기준이 바로 당신이 정한 형용사다. AI는 정답을 맞히지만, 인간은 의미를 만든다. 그리고 그 의미는 언제나 '어떠함Adjective'에서 시작된다.

전쟁터에서 놀이터로, 일을 대하는 공기의 변화

지금 진행하고 있는 '팩터종언'과 소상공인 교육 공간은 나에게 더 이상 '돈을 버는 기계'가 아니다. 이곳은 내가 정의한 형용사들을 실험하고 가꾸는 '인생의 정원'이다. 과거의 나는 100만 명에게 노출되는 자극적인 콘텐츠라는 벽돌을 원했다. 그 숫자가 내 유능함을 증명한다고 믿었기 때문이다. 하지만 지금은 단 100명이라도 그들의 삶을 '정감 있게' 어루만지고 '고요하게' 스스로를 돌아보게 만드는 밀도 있는 문장을 쓰는 데 집중한다.

교육 공간 역시 단순히 돈 버는 기술을 전수하는 학원이 아니다. 청년들이 타인의 테두리에서 벗어나 각자의 '행복한 형용사'를 찾게 돕는 인문학적 아지트로 설계하고 있다. 일을 할 때 느껴지는 공기가 과거의 치열한 '전쟁터'에서 현재는 설레는 '놀이터'이자 사유하는 '서재'로 바뀌었다. 형용사가 바뀌니 노동의 질감이 바뀌었고, 결과적으로 내 삶의 분위기 자체가 리브랜딩되었다.

우리는 흔히 성공한 뒤에 비로소 원하는 삶을 살 수 있다고 믿는다. 하지만 진실은 반대다. 원하는 삶의 '형용사'를 먼저 선언하고 그에 맞게 일을 재정의할 때, 비즈니스는 비로소 생명력을 얻는다. 벽돌 몇 장 덜 쌓는다고 인생이 무너지지 않는다는 것을, 나는 이 평온한 몰입 속에서 매일 증명하고 있다. 목적이 수단을 압도할 때, 플레이어는 비로소 자유로워진다.

여전히 불안함 때문에 쉴 새 없이 벽돌만 나르고 있는 독자들에게 나는 말하고 싶다. 원래 인생은 불안의 연속이다. 그 불안은 제거해야 할 대상이 아니라, 당신이 살아있다는 증거다. "불안하니까 어쩌라고?"라고 냉소하고 싶겠지만, 그 불안을 피하려고 무작정 타인의 벽돌 뒤에 숨지 마라. 대신 그 불안을 정면으로 마주 보고 부딪혀 보라. 당신은 세상이 정해놓은 테두리보다 훨씬 더 크고 단단한 존재다.

"나는 안 되겠지"라는 타인의 목소리가 만든 가짜 테두리를 과감히 찢고 나오라. 당신은 벽돌공이 아니라 건축가로 태어났다. 벽돌을 한 장 덜 쌓는다고 당신의 가치가 떨어지지 않는다. 하지만 내가 어떤 기분으로 살고 싶은지 형용사를 잃어버리면, 아무리 높은 성을 쌓아도 그곳은 결국 당신을 가두는 무덤이 될 뿐이다.

오늘 잠시 손에 든 무거운 벽돌을 내려놓고 스스로에게 물어라. "나는 오늘 어떤 기분의 하루를 보내고 싶은가?" 이 질문에 답하는 순간, 당신은 이미 이 세상 최고의 플레이어이자 주권자다. 당신만의 고유한 아우라는 당신이 기꺼이 '나답게' 존재하기로 결정한 그 틈새에서 비로소 피어난다. 당신은 이 세상 최고의 건축가다. 이제 벽돌을 나르는 일을 멈추고, 당신의 집을 수식할 아름다운 형용사를 먼저 적어보라.

부지런함이 늘 미덕은 아닙니다. 목적 없는 부지런함은 당신을 영혼 없는 기계의 부속품으로 만들 뿐입니다. 벽돌을 모으기 전에 당신만의 설계도를 먼저 그리십시오. 당신의 집을 수식할 세 가지 형용사를 지금 결정하십시오. 그 형용사들이 당신의 소중한 시간과 돈, 에너지를 어디에 써야 할지 알려주는 가장 정확한 나침반이 될 것입니다. AI가 당신의 벽돌을 대신 쌓아줄 때, 당신은 더 높은 곳에 올라가 당신이 지을 집의 아름다운 풍경을 상상하십시오. 당신은 벽돌공이 아니라, 당신 인생이라는 위대한 건축물의 설계자입니다.

나의 '인생 형용사' 3가지 정하기: 지금 당장 종이를 꺼내 당신이 가장 머물고 싶은 삶의 상태를 나타내는 형용사 3가지를 적어보세요. 예: 단정한, 유머러스한, 자유로운 등 그 단어들이 오늘 당신의 선택을 필터링하는 기준이 될 것입니다. 타인의 시선을 걷어내고 당신의 심장이 반응하는 단어를 고르세요.

'불안의 벽돌' 하나 버리기: 오직 불안함 때문에 억지로 유지하고 있는 공부, 의미 없는 모임, 혹은 습관적으로 구독 중인 서비스 하나를 골라 오늘 당장 중단해 보세요. 그 빈자리에 생기는 '여백'이 당신의 형용사를 채울 소중한 공간이 될 것입니다. 버리는 용기가 주권을 되찾는 가장 강력한 시작입니다.

설계도 공유하기: 당신이 정한 형용사를 소중한 사람에게 공유하거나, 눈에 잘 띄는 곳에 붙여두세요. "나는 이런 기분으로 살기로 했어"라는 선언이 당신의 주변 공기를 바꾸고, 당신의 형용사에 어울리는 진짜 '귀한 벽돌'들을 불러모을 것입니다.

가장 완벽한 계산보다 강한 것: 끝내 내가 가고 싶은 길을 가는 인간의 고집

우리는 지금 인류 역사상 가장 친절하지만, 동시에 가장 서늘한 '정답의 시대'를 통과하고 있다. 인공지능AI은 '최적화'라는 매끄러운 이름으로 우리 삶에 놓인 모든 구불구불한 우회로를 차단한다. 기계는 우리가 어디로 가야 가장 빨리 도착하는지, 어떤 사업을 해야 가장 적은 리스크로 큰돈을 벌 수 있는지, 심지어 어떤 단어를 골라 써야 타인의 관심을 더 많이 훔칠 수 있는지까지 소름 끼치도록 정확하게 계산해 낸다. 알고리즘의 세계에서 '고집'이나 '무모함'은 제거해야 할 오류값에 불과하며, '비효율'은 도태라는 낙인이 찍힌 실패의 증거일 뿐이다.

하지만 이러한 '최적의 정답'이 쌓여갈수록 우리의 삶은 어딘가 기이할 정도로 건조해진다. 모든 것이 효율적으로 돌아가는데, 정작 그 안에서 숨 쉬는 인간의 박동 소리는 들리지 않는다. 지난 수개월간 광야를 헤매며 내가 깨달은, 가슴을 저미는 전율 돋는 진실은 따로 있다. 세상을 진짜로 바꾸고 당신의 인생을 '진짜'로 살게 만드는 힘은 알고리즘이 내놓는 매끄러운 '정답'이 아니라, 발바닥에 진흙을 묻히며 끝내 제 갈 길을 가겠다고 우기는 인간의 '비릿한 고집'에서 나온다는 사실이다. 이 비릿함이야말로 기계가 절대로 복제할 수 없는 당신만의 유일한 체취이자, 모든 것이 데이터로 환산되는 AI 시대를 이기는 주권자의 가장 날카롭고 고귀한 무기다.

알고리즘의 안락한 '안락사'를 거부할 용기

인공지능 전문가들이 경고하듯, 우리는 지금 알고리즘이 짜준 '디지털 유모차'에 실려 인생이라는 긴 복도를 유람하고 있다. 유모차 안은 따뜻하고 안전하다. AI가 당신의 건강을 위해 식단을 간섭하고, 효율을 위해 최단 경로를 강제하며, 당신의 취향을 분석해 다음 볼거리를 쉴 새 없이 던져주는 삶은 분명 안락하다. 그러나 우리가 망각하고 있는 사실이 하나 있다. 그 안락함은 인간의 '결정권'을 마비시키는 달콤한 독배라는 점이다. 스스로 고민할 필요가 없는 삶은 편안하지만, 고민하지 않는 영혼은 서서히 죽어간다.

스스로 고민하지 않고 시스템이 정해준 테두리 안에서만 움직이는 인간은 결코 인생의 주인이 될 수 없다. 그들은 거대한 지능의 지배 아래 놓인 '영원한 아이'로 퇴행할 뿐이다. 남이 그려준 지도로만 이동하는 사람은 안전할지 모르나 결코 새로운 대륙을 발견할 수 없다. 우리는 기꺼이 그 유모차에서 내려와야 한다. 조금은 춥고 거칠더라도 자신의 두 발로 직접 땅을 딛고 서서, 어디로 갈지 스스로 결정해야 한다. 그 땅 위에서 겪는 길 잃음과 방황, 그리고 뼈아픈 실수가 바로 당신을 당신답게 만드는 유일무이한 서사가 되기 때문이다. 당신의 방황은 시스템의 오답이 아니라, 오직 당신만이 소유할 수 있는 세상에서 가장 독점적이고 귀한 데이터다.

내가 14개월 전, 지역 1등 플랫폼의 대표직을 내려놓고 광야로 나온 것은 이 '안락한 안락사'로부터의 필사적인 탈출이었다. 성공의 최단 경로를 연산하며 엑셀 시트 안에서 안주하는 대신, 나는 일부러 내비게이션을 끄고 정읍의 낯선 시골길을 달렸다. 효율적인 비즈니스 미팅 대신, 하동의 어느 호젓한 길가에서 소중한 사람과 함께 투박한 옥수수빵을 베어 물었다.

유명 맛집도 아니고 알고리즘이 추천한 곳도 아니었기에 맛은 생각보다 훨씬 밋밋하고 투박했다. 하지만 그 밋밋한 빵을 씹으며 "이게 뭐야, 진짜 아무 맛도 안 나잖아!"라고 외치며 차 안에서 몇 분 동안 배를 잡고 웃던 그 순간, 나는 깨달았다. 효율적인 평점 5점짜리 식당에서는 결코 느낄 수 없었던, 살아있다는 생생한 전율을 말이다. 데이터는 실패라고 말하는 그 무의미해 보이는 우회로 속에서, 나는 비로소 내 인생의 핸들을 직접 쥔 주권자로서의 감각을 회복했다. 기계는 최적의 경로를 연산하지만, 주권자는 '의미 있는 경로'를 선택한다. 이 바보 같고 비합리적인 선택들이 층층이 모여 누구도 복제할 수 없는 당신만의 '아우라Aura'가 된다.

고통의 시간축이 빚어낸 '비싼 지능'의 가치

AI가 가진 지능을 '저렴한 지능'이라 한다. 기계는 고통을 겪지 않고, 실패의 쓰라림 없이 엄청난 양의 데이터를 순식간에 삼켜 지능을 얻기 때문이다. 기계에게 지능은 '전기 신호'의 조합일 뿐이다. 하지만 인간 플레이어의 지능은 지독하리만치 '비싸다'. 우리의 지식은 후회와 눈물, 그리고 밤잠을 설치며 절망을 견뎌냈던 '앓음의 시간축' 위에서만 비로소 벼려지기 때문이다. 이 지능은 차가운 정보가 아니라, 생존을 위한 처절한 실존적 고뇌가 영혼 속에 남긴 퇴적물이다.

삼성전자 최종 면접에서의 탈락이라는 쓰라린 패배, 뇌전증 발작으로 차가운 보도블록에 뺨을 맞댄 채 세상의 천장을 올려다보아야 했던 굴욕적인 순간, 그리고 텅 비어버린 '도둑 든 상자'를 지키느라 홀로 야위어갔던 그 고통스러운 밤들을 AI는 결코 학습할 수 없다. 기계는 내 문체를 흉내 낼 순 있어도, 내가 21살의 그 막막한 밤에 중장비 자격증 책을 매만지며 느꼈던 그 습한 불안과 공포의 무게까지는 복제할 수 없다.

우리가 지우고 싶어 했던 그 '흉터'들이야말로 AI 시대에 우리가 가질 수 있는 유일한 불평등 자산이다. 사람들은 이제 기계가 내놓는 매끄러운 100점짜리 답안지에 더 이상 전율하지 않는다. 대신 투박하고 서툴지라도, 자신의 오답을 정직하게 해석하고 그 과정을 통해 다시 일어서는 플레이어의 '비릿한 서사'에 마음을 열고 지갑을 연다. 정답이 흔해진 세상에서 사람들은 당신의 '성공'이 아니라 당신의 '고통'을 사고 싶어 한다. 고통을 통과한 지식만이 사람의 마음을 움직이는 진짜 생명력을 갖기 때문이다. 지식은 공기처럼 흔해졌지만, 그 지식을 사유의 용광로에 넣어 제련해낸 당신의 깊이는 결코 평등해질 수 없다. 당신의 아픈 기록이 곧 당신의 가장 비싼 브랜드가 되는 이유가 여기에 있다. 당신의 상

처를 부끄러워하지 마라. 그것은 당신이 이 인생이라는 경기
장에서 가장 치열하게 뛰었다는 영광스러운 훈장이다.

당신이라는 위대한 브랜드의
'신장개업'을 축하하며

이 책의 마지막 장을 덮는 당신에게, 나는 이제 작가나 전
문가가 아닌 같은 경기장을 뛰는 동료로서 진심 어린 축배를
건네고 싶다.

지금까지 당신은 얼마나 많은 타인의 목소리를 당신의 것
인 양 품고 살았는가. 남들이 정해준 성공의 규격에 당신의
소중한 영혼을 끼워 맞추느라 얼마나 많은 밤을 숨죽여 울었
는가. 하지만 이제 당신은 그 안락한 감옥의 문을 열고 스스
로 걸어 나왔다. 타인의 각본대로 연기하던 '구경꾼의 삶'에
서 탈출하여, 비로소 당신의 이름이 온전히 주인 되는 '당신
의 삶'으로 복귀한 오늘을 나는 진심으로 축하한다.

송길영 작가가 말하는 '호명사회'에서 당신을 증명하는 것
은 직함이 아니라 당신의 이름 석 자와 그 뒤에 숨겨진 단단
한 서사다. 이제 조직의 이름 뒤에 숨지 마라. 타인의 정답지
뒤에 당신의 불안을 감추지도 마라. 당신이 직접 선택하고,
온몸으로 책임지며, 끝내 당신만의 고집으로 밀어붙인 그 비

효율적인 우회로들이 모여 당신을 세상에 단 하나뿐인 오리
지널 플레이어로 만들 것이다.

나는 이제 나의 2026년, 새로운 현장에서의 '신장개업'을
향해 나아간다. 그리고 동시에, 타인의 시선이라는 낡은 간
판을 내리고 오직 당신만의 철학과 형용사로 무장한 당신의
인생 경기장, 그 위대한 '신장개업'을 진심으로 축복한다. 당
신의 흉터는 훈장이 될 것이고, 당신의 오답은 가장 비싼 인
사이트가 될 것이다.

당신은 오늘 어떤 공을 차겠는가? 당신의 서사는 지금 이
순간, 당신이 직접 핸들을 쥐는 바로 그 지점부터 다시 시작
된다. 남들이 정해준 길 위에서 누구보다 성실히 달렸으나
정작 자신을 잃어버렸던 모든 이들, 그리고 이제 막 자신의
인생이라는 경기장에 입장하려는 진짜 '플레이어'들에게 이
책을 바친다.

지금 당장 폐업할 것처럼 팔아라

ⓒ 김종언

초판 1쇄 인쇄 2026년 4월 15일

지은이 김종언
기 획 조영훈
편 집 조영훈
디자인 STUDIO 보글
마케팅 정호윤, 김민지, 김은주, 송유경, 최서환
펴낸곳 모티브
이메일 motive@billionairecorp.com

ISBN 979-11-24370-35-3 (03320)